江戸社会史の研究

竹内 誠
Makoto Takeuchi

弘文堂

『江戸社会史の研究』 目次

第Ⅱ部　江戸の美意識

序論　大都市江戸の柔軟性

徳川の平和

江戸時代の最大の特色は、何といっても二世紀余も泰平が続いたことである。戦国の争乱に一応の終止符を打った関ヶ原の戦（一六〇〇）。これに勝利した徳川家康は江戸に幕府を開いた（一六〇三）が、政権は決して安定したものではなく、豊臣の残党を討った大坂の陣（一六一四〜一五）によって、はじめて政権の基礎が築かれた。そして、徳川政権を確固たるものにするためには、島原の乱（一六三七）という大きな内乱を平定した三代将軍家光の寛永期まで、なお時間を要した。しかしこれ以後、幕末維新の動乱まで、天保期の大塩平八郎の乱（一八三七）を除けば、二世紀余の間、武士同士が戦ういわゆる内乱はなかった。百姓一揆はしばしば起こったが、権力者同士が武力で血を流す内乱はなかったのである。

二世紀余にもわたる長期間、徳川という一政権が、平和裡に国内を実効的に支配した例は、世界史的にも類をみない。仮に徳川幕府が暴虐な圧政を行っていたとすれば、一世紀、いや半世紀も政権を維持することはできなかったであろう。民衆は愚かではない。必ずや武士を捲き込んでのクーデターが起こったはずである。

このように長く平和が保たれた理由については、さまざまな要素が考えられる。寛永期に制度化された参勤交代制や、同時期に断行された鎖国などは、その大きな要素といえよう。あるいは、刀狩令の徹底や、封建官僚の在り方（複数制・交代制・監査制）なども考えられよう。ともあれ、平和を長期に保つには、それなりの支配者側の仕掛けや、為政者と被支配者との間で、何らかの折り合いをつける知恵があったものと思われる。概していえば、江戸時代は、建て前上は硬直した社会にみえるが、その実体は、意外に柔軟性に富んでいたようである。

町の自治

「公儀御法度《こうぎごはっと》の遵守」という大前提のもとではあるが、江戸時代の村や町には、その運営にかなりの裁量権が与えられていた。

将軍の膝元の巨大都市江戸の例でいえば、江戸市政の支配系統は、町奉行―町年寄（奈良屋・樽屋・喜多村の三人）―町名主―地主・家持―家主―地借・店借人であるが、町奉行や町年寄は、町政に直接介入することはせず、町の運営は名主・地主に委ねられていた。

しかも、町の実質的な運営は、地主に代ってその土地・家を管理する家主《いえぬし》が行っていた。家主は、家守《やもり》とか大屋《おおや》とも呼ばれ、長屋を舞台にした落語によく登場する。「大屋といえば親も同然」の、あの大屋さんである。ここで注意したいのは、大屋こと家主・家守は、長屋の所有者ではなく、あくまでも所有者の代理人であった。しかし今日のアパート管理人より、町にとってはずっと重要な役割を担っていた。家主たちは、交代で月行事《がちぎょうじ》となり、町の運営の実務に携わった。彼らが日常的に詰める事務所は「自身番屋」と呼ばれた。自身番とは、まさに町の運営はその町自身が行うという、町の自治の意味である。

この自身番の機能は多岐にわたるが、主なものを列挙すると、①町奉行所から出される法令の伝達、②町奉行所へ提出される文書や土地売券などといった重要公文書などへの加判《かはん》・立合《たちあい》、③町が抱える火消人足の差配や火番などの防火対策、④夜廻《よまわり》や木戸番人の差配、犯罪者の勾留《こうりゅう》などの治安維持、⑤自身番屋・木戸番屋の運営をはじめ町全体に関わる出費およびそれらの徴収など、「町入用」（町方行政費用）の出納・管理、⑥人別帳の作成、などであった。

江戸の町は、基本的に両側町であった。道をはさんで両側が同じ町内である。「向う三軒両隣り」を最小単位として、それを連続したのが一つの町であり、木戸と木戸にはさまれることによって、同じ「ご町内」という強い連帯意識がはぐくまれた。先年、新発見され話題をよんだベルリンの東洋美術館所蔵の絵巻物『熈代勝覧《きだいしょうらん》』は、神田今川橋から日本橋の南詰の高札場までの賑わいを克明に活写している。表題が難しいので、描かれた内容から、私は「日本橋繁昌絵巻」と別称しているが、両側町のようすが実によくわかる。日本橋を渡り北へ向かうと、道の両側は室町一丁目である。町に入る所に木戸があり、町の終わりにまた木戸がある。そしてさらに北に進むと木戸があって道の両側は室町二丁目となる。二丁目の終わる所にまた木戸がある。つづく室町三丁目も同様である。

木戸脇には、必ず自身番屋と木戸番屋が設置されている。町で雇った木戸番が、明け方六時に木戸を開き、夜十時に閉じる。夜間通行を制限するから、木戸は、江戸の町々の治安維持に大いに貢献した。木戸番の給料は安かったので、そのかわり町では、木戸番屋でわらじ、ぞうり、ろうそく、駄菓子などを売ることを許していた。自身番屋の維持費や、木戸番の雇用費をはじめとする町入用は、すべて地主が負担し、裏長屋の店借人の多くは、公役金《くやくきん》や町入用を支払わなかった。

小さな町奉行所

このように町の費用も自身で賄って町の運営が行われ、余程のことがない限り、町奉行所からの費用補助はなされなかった。そのかわり、町奉行所自体もきわめて小さな行政府であった。

町奉行の配下で活躍した町方役人に与力・同心がいる。江戸八丁堀に屋敷を与えられていたので、「八丁堀の旦那」とか「八丁堀御役人衆」などとも呼ばれた。南町奉行所と北町奉行所のそれぞれに、与力が二五人ずつ（計五〇名）、同心が一〇〇名ずつ（計二〇〇名）配属されていた。

享保以前の与力・同心の職務は、歳番《としばん》・牢屋見廻り・町廻りの三種類であった。歳番とは、町奉行所の財政や人事を担当する重要な職であり、老練な与力がこれにあたった。牢屋見廻りは、小伝馬町の牢に出張して囚人を監視する役目であった。町廻りは、同心のみが担当した職務で、放火や風俗の取り締まり、犯人逮捕などに従事した。町廻りはのち、隠密廻り・定《じょう》廻り・臨時廻りの三種に分化した。これは「三廻り」と呼ばれ、先述のように同心のみで構成された職務で、これだけは与力の指揮をうけず、町奉行から直接に指揮をうけた。

かれらは、小銀杏《こいちょう》という独特の髪形をし、朱房《しゅぶさ》の十手《じって》をうしろに差して町々を巡回した。人数は一定しないが、天保十三年（一八四二）現在、二五名であった。大都市江戸の治安を維持するには、この程度の同心の人数では、とうてい不可能である。そのため三廻り同心らは、大勢の「岡っ引」と呼ばれる町の顔役を手先として利用した。しかし岡っ引もさることながら、前述した自身番屋・木戸番屋の方が、江戸の治安の維持に大きく貢献したといえよう。

士・庶の混住

江戸の土地利用の構成は、武家地六五％、町人地二〇％、寺社地一五％であった。しかも江戸中期以降、武家五〇万、町人五〇万（幕末には町人六〇～七〇万ともいわれる）という人口比率からして、武家地は広々とした屋敷、町人地は人口密集により長屋が発達した。

一般には、武家地には武家が、町人地には町人が、きちんと住み分けされていたと、これまで説明されてきた。しかし近年の研究によれば、たとえば二葉町（現、港区新橋一丁目）には、大奥女中や奥医師たちに対する扶持の一種として給された町屋敷が多く存在し、拝領主はこれらの屋敷を町人らに貸して収入を得ていた。幕府から拝領した土地は武家地であったが、実はそこに住んでいたのは町人たちだったのである。また表番町の野村元右衛門は、九八一坪の土地を拝領したが、表通りから奥に入った所に三〇坪の自分の居宅を構え、通りに面した場所に三五坪の貸家を経営していた。相撲番付に模した幕末の見立番付『当世武家地商人』の中央の「勧進元」の欄に、「所々、お屋敷内の貸長屋」とあり、こうした武家地内の貸屋経営が大いに流行していたことがわかる。前記の八丁堀の旦那衆も、拝領敷地内に貸屋をつくり、医者や儒者などから家賃収入を得ていたことは有名である。士農工商という厳然とした身分社会でありながら、現実の江戸は士・庶の混住現象が所々にみられ、柔軟な自由さがあった。

江戸は先述の通り武士五〇万、町人五〇万、まさに支配者と被支配者が一対一の社会であった。町人とて、武士をいちいち畏れていては、まともな生活はできなかった。「二本差しがこわくて目刺が食えるか」という、あの江戸っ子の気質がおのずと醸成された。したがって、江戸では日常生活の場では、武士とて特別扱いされなかった。紀州藩の江戸勤番武士・酒井伴四郎の江戸日記をみてみよう。万延元年（一八六〇）十一月八日の条である。

この日は「極晴天、今日は酉待《とりまち》にて鷲大明神の御祭り」に出掛けた。お酉さまである。まず上野にあった有名な雁鍋屋に入ったところ「夥敷《おびただしき》客にて居《すわ》り所もこれなく、漸く押分け居《すわ》り、雁鍋にて酒五合呑」んでからそこを出た。それから「鷲大明神え参詣仕り候処、夥敷参詣群集、爪の立つ所もこれなく候」と、大混雑であった。ここの売り物は熊手であるが、遊女屋や人寄せの商売人が、この熊手一つを金一両あるいは二両、三両と気前よく出して買っていた。芋頭《いもがしら》の煮たのもこの地の名物で、皆買っていた。そして浅草へ来たら空腹になったので「料理茶屋え這入り候処、夥敷客の込み合いにて、手が行届きかね、暫く待たされ、漸く茶碗蒸、かれいの甘煮にて酒一合呑み、飯を喰」い、やっと満腹になったところで、観音へ参詣し、帰宅した。

武士も町人も、食べ物屋では差別はなく、順番を待って食にありつけたのである。これは何も食べ物屋に限ったことではなかろう。江戸では、こうした身分差を越えた自由な雰囲気が横溢していた。

変身の論理——雅号の効用——

十八世紀後半、つまり田沼時代に江戸文化は上方文化に追いつき追い越した。文化の東漸である。その江戸文化の特色は町人文化だという。しかしここでも武士と町人との共同創作文化としての性格を見逃すことができない。

江戸時代は太陰太陽暦を主とした暦であり、三十日の大の月と、二十九日の小の月とがあり、大小の月の配列も年ごとにかわって一定しなかった。絵暦は、略暦とか大小ともよばれ、各月の大小の別だけを文字や絵で判じ物風に表わした一枚摺物である。江戸市民が私的につくり、年始の挨拶に添えて知人や得意先に配ったという。

その絵暦が、明和二年（一七六五）ごろから爆発的に大流行した。正月を過ぎたのちも好事家たちはしばしば絵暦の交換会を催した。当時、絵暦の交換会のことを大小会といった。大小会は、たんなる絵暦交換会というより、一枚の版画のなかに、大の月と小の月の名を、いかに巧みに隠しこんで摺るか、その趣向と機智を競いあう品評会の観があった。いかにも当時の文人たちが好みそうな遊びの文化活動である。

大小会のリーダーは、旗本の大久保忠舒《ただのぶ》（一六〇〇石）と阿部正寛（一〇〇〇石）であった。大久保は菊簾舎巨川《きくれんしゃきょせん》と号し、阿部は水光亭莎鶏《すいこうていさけい》と号し、ともに巨川連とか莎鶏連と称する俳諧グループの中心人物でもあった。牛込にあった大久保巨川の屋敷では、しばしば大小会が催された。武士も町人も絵師も、階層を問わずあつまって歓を尽くした。飯田町の薬屋・小松屋三右衛門（小松軒・百亀の号をもつ）もその常連であった。そこに絵師の鈴木春信（本名穂積次兵衛、長栄軒と号する）や、それに専門の彫師《ほりし》・摺師《すりし》らも集まり、絵暦の豪華さや美しさを追求した。その結果、二、三色程度の紅摺絵《べにずりえ》を飛躍的に発展させ、ついに十数色にもおよぶ多色摺技法を完成したのである。いわゆる錦絵の誕生である。この俳諧の連は、それぞれの俳号により、旗本であること、商人であること、絵師であること等々、身分・職業を超越した人間対人間の文化活動の場として機能した。

田沼時代の江戸は、川柳・狂歌の全盛時代であった。たとえば狂歌の世界では、唐衣橘洲《からごろもきっしゅう》（田安家家臣小島謙之）を中心とした四谷連、四方赤良《よものあから》（幕臣大田南畝）の山手連、朱楽菅江《あけらかんこう》（幕臣山崎景貫）の朱楽連、浜辺黒人《はまべのくろひと》（本芝二丁目の三河屋半兵衛）の芝連、元木網（京橋の湯屋大野屋喜三郎）の落栗《おちぐり》連、大屋裏住《おおやのうらずみ》（金吹町の大屋の白子屋孫左衛門）の本町連、加保茶元成《かぼちゃのもとなり》（吉原妓楼の大文字屋村田市兵衛）の吉原連、宿屋飯盛《やどやのめしもり》（小伝馬町三丁目の旅籠屋の糠《ぬか》屋七兵衛、国学者石川雅望《まさもち》のこと）の伯楽《ばくろう》連、鹿津部真顔《しかつべのまがお》（数寄屋橋の汁粉屋の北川嘉兵衛）の数奇連などがあった。

川柳・狂歌の世界においても、武士や町人が一体化した文化的グループ＝連の活動が注目される。その際、雅号の使用によってそれぞれが変身し、身分を超越した文化活動の場に上昇転化することができたのである。

ここで、変身をフルに括用した二人の人物を紹介しよう。まず、酒落本《しゃれぼん》作家として一世を風靡《ふうび》した山東京伝は、深川の質屋に生まれた江戸町人である。本名は岩瀬醒《さむる》、京橋で小間物屋を営んでおり、通称は京屋伝蔵、号は山東庵・菊亭・醒斎など。山東京伝は戯作者《げさくしゃ》名、狂歌名は身軽織輔《みがるのおりすけ》、絵師名は北尾政演《まさのぶ》と称した。また、同時期に黄《き》表《びょうし》紙作家として人気を集めた朋誠堂喜三二《ほうせいどうきさんじ》は、秋田藩江戸詰め留守居役で、本名は平沢常富、通称は平格、雅号は多く、俳諧名は雨後庵月成、狂歌名は浅黄裏成《あさぎのうらなり》・手柄岡持《てがらのおかもち》、狂詩名は韓長齢、酒落本名は道蛇楼麻阿《どうじゃろうまあ》と称した。黄表紙の作者名である朋誠堂喜三二は、「干《ほ》せど気散《きさん》じ」を当てたもので、その意は「武士は食わねど高楊枝《たかようじ》」と酒落ている。

和歌山藩の付家老水野土佐守の侍医原田某が、幕末に記した江戸見聞記『江戸自慢』には、江戸っ子は「人気《じんき》の荒々しきに似ず、道を問へば下賤の者たり共、己が業《なりわい》をやめ、教ること叮嚀《ていねい》にして、言葉のやさしく恭敬する事、感ずるに堪《たえ》たり」と述べている。

一方、江戸の武士に対しては、「大都会故に人の心は大様《おおよう》なるか、武士は慇懃《いんぎん》にして凝り気《こけ》なく、旗本など殊外《ことのほか》温和にして若山《（和歌山）》武士のごとく屎力味《くそりきみ》なし」と評している。

巨大都市なるが故に江戸の人の心はおおらかであり、もてなしの心豊かな江戸町人と、ことのほか温和な旗本らとの出会いこそ、江戸の社会と文化のありようを示唆しているように思えてならない。

両国の花火と船遊び

これは江戸時代の話ではないが、大森貝塚の発掘で有名なアメリカの生物学者エドワード・モースは明治十年頃、船で両国の川開きの花火見物に出掛けた（モース『日本その日その日』）。

私は「河を開く」というお祭りに行った。（中略）船頭達は長い竿で、舟を避け合ったり、助け合ったりしたが、この大混雑の中でさえ、不機嫌な言葉を発する者は一人もなく只「アリガトウ」「アリガトウ」「アリガトウ」、或は「ゴメンナサイ」だけであった。かくの如き優雅と温厚の教訓！　而も船頭達から！　何故日本人が我々を、南蛮夷狄と呼び来たったかが、段々に判って来る。

すなわち、隅田川は花火見物の船で大混雑。船同志が衝突するなど険悪な状況のなかで、日本人の船頭たちは、決して相手をののしるなどの喧嘩騒ぎを起こさず、船頭同志が互いに助け合いながら船を操作していた。そしてモースの耳に聞こえてくるのは、「アリガトウ」という言葉と、「ゴメンナサイ」という言葉だけであったというのである。

モースは自国アメリカでこういう際に必ず起きるであろう罵詈雑言と、この日本の船頭たちの共生の心を比較し、このような「優雅と温厚」の心を船頭たちから教えられたことに感動しているのである。そして我々こそ野蛮人であり、日本人こそ文明人であると。

明治十年頃の船頭といえば、江戸時代に生まれ、江戸時代の家庭で育ち、江戸時代の地域で成長し、江戸時代の寺子屋で学んだ人びとである。このことは何も船頭たちだけのことではあるまい。花火見物とか船遊びの大混雑にあっても、江戸人の共助の清々しい心が、その背景にあった。

第Ⅰ部　江戸の地域社会と住民意識

第一章　下町と山の手の地域性

第一節　江戸の地方性

いうまでもなく江戸は天下の総城下町であり、日本における中央都市であった。まさに、「御府内は日本総国の根本基礎」(1)であった。それゆえ、地域地域での中央都市である諸藩の城下町とは、比較にならぬほどの中央性・集権性を具備していた。江戸という都市を概観するとき、われわれはまずその中央性・集権性に目を奪われる。たしかに江戸は、天下の将軍の所在地なるがゆえに、全国中心の政治都市であり、武家の都というにふさわしい。また諸大名の参勤交代が、江戸の都市構造をはじめとするいろいろな分野に、多大の影響を与えたことも事実である。そしてこれらが、都市江戸の非常に重要な特質をなしていることを否定するものではない。

しかし同時に、江戸という都市にも、さまざまな意味での地方性があることを看過してはならない。江戸の都市構造や文化、さらに住民生活や意識を真に解明するためには、この中央性と地方性の二重構造を明らかにする作業が肝要であろう。では、いったい江戸の地方性とは何か。さしあたり、次の三点を指摘しておきたい。

まず第一は、江戸の土着性とか関東の地方性といいかえてもよい問題である。江戸が諸国寄合世帯的な植民都市であることは事実であるが、関東の江戸という風土を基盤にして、成立・発展した都市であることも見逃せない。やがては、江戸言葉とか江戸風俗とか江戸文化というような、独特なものに洗いあげられてゆくのであるが、いかに洗いあげられても、その根底にはやはり泥くさい江戸の土着性とか関東の地方性が根づよく息づいているのである。こうした江戸の地方性をえぐり出してゆくことは、江戸の特質を考える際の重要な一つのポイントといえよう。

西山松之助氏は、初代市川団十郎が歌舞伎の舞台芸術として洗いあげた荒事芸につき、「荒事は関東の古い伝統を否定的媒介として、元禄の江戸に新しく登場したものである。その意味では、古い関東の地方性に根ざしたものだといえよう。そして大都市江戸の町人は、関東の地方性を江戸らしい都会らしいものに洗いあげるのに約一世紀を要した」と述べている。さらに、十八世紀後半に江戸っ子が出現した背景についても、「全国的な封建制の動揺による他国者の江戸流入現象が活発化したことによって、江戸根生いの土着性が顕在化してきた」ことに着目している(2)。いずれも、きわめて示唆に富む提言といえよう。

第二の地方性は、文字通り江戸が諸国寄合世帯的都市であるという意味での地方性である。関東・東北の諸国はもちろんのこと、三河・信濃・尾張・伊勢・近江・山城・摂津等々、全国各地から人びとがたえず江戸に流入していた。前述のごとく、関東の地方性をベースにしつつも、全国各地から持ち込まれたこうした多彩な要素の渾然のなかから、洗練された江戸の生活様式なり文化が昇華・創出されたのであろうが、反面、江戸に流入した後も、あくまで地方のままを主張する地方性が江戸にはあった。

たとえば、参勤交代で随行してきた地方武士が生活する江戸藩邸には、それぞれの地方のお国訛りや行事や生活習慣や文化が満ち満ちていた。また下町の大店の多くは、いわゆる「江戸店持の上方商人」であった。つまり伊勢や近江や京都など上方に本拠をもつ商人の江戸支店であり、そこで働いている大勢の店員の出身地は、ほとんどが主人と同郷の上方であった(3)。したがってこうした商家では、上方弁や上方の民俗や生活様式が、日々のくらしを支えていたのである。

このように、江戸のなかには各所・各階層に地方が存在していた。しかも、かなり色濃くである。決して中央的なものになじまず、いかに野暮とか無粋とか揶揄されようとも、かえってそれに反撥するように図太く自己主張をしていた。江戸における中央性と地方性、さらに第一の視点で述べたような江戸の土着性、この三者のたえざる緊張関係こそ、江戸発展の活力源となり、あの江戸町人文化の創造源となったのではなかろうか。江戸の地方性の解明には、従来のようにマイナス面としてのみとらえるのではなく、むしろこのように積極的に評価する新たな視点の導入が必要と思われる(4)。

第三に指摘する江戸の地方性は、むしろ江戸の地域性といった方がわかりやすい。同じ江戸のなかでも、地域地域の構造にそれぞれ特色があり、また当然のことながら、地域地域によって住民意識にも違いがある。下町には下町なりの、山の手には山の手なりの、場末には場末なりの特色があり、日本橋・浅草・深川……等々、それぞれに地域的な個性をもちつつ、全体としては江戸という都市の統一体をなしている。さらには時代によっても、地域構造や住民意識に変化が生じてこよう。このように、江戸は決して画一的・平面的・静態的な都市ではなかった。江戸における地域性が、重視されねばならぬ理由もそこにある。

従来の江戸研究の成果は、すでに相当蓄積されているが、こうした第三の視点からの成果となると、その数は甚だ心許ないものがある。しかしそのなかにあって、とくに注目されるのが、すでに早く大正期に執筆された西村真次氏の『深川区史』下巻（深川情調の研究）である(5)。これは、その序言に「此研究によって深川民衆の情緒生活を闡明しようとした」とあるように、さらには第一章緒言に「深川を他から区別するところの特徴、並びにそれを形成した動因を心理的に述べる」とあるように、民衆生活史・民衆意識史という確かな視座に立ちつつ、深川が同じ江戸のなかでも、下町や山の手とは異なる深川独特の地方性・地域性を有していることを刻明に分析したものであり、そこに非常にすぐれた地方史的視点が、都市史のなかに導入されていることに気付くのである。

地方色とは所詮、地的環境によって塗抹される生活様式に外ならない。東京のどこにもそれぞれの地方色があって、山の手には山の手の空気が漂ひ、下町には下町の空気が漂ってゐることは勿論であるが、深川にはそれらと色彩を全然異にした格別な色彩のたゞよひを見る。此色彩の差異は生活圏（Life-cycle）の差異に基づいてゐる。生活圏とは、ウィッスラァ博士（C. Wissler）に従へば、共同の生活様式を有った民衆の一集団で、それを人類学者、社会学者、史学者らが「文化」（"Culture"）と呼ぶところのものである。かうした文化は地的環境の所産だ。深川が東京から異った文化を有ってゐるとすれば、それはそこの地的環境（Geographical environment）が与へたものであらねばならない(6)。

右の引用文は、同じく『深川区史』下巻の緒言の一文であるが、山の手・下町・深川等々、それぞれに地方色があることを指摘し、その地方色とは生活圏の差異、さらには地理的環境の差異から生ずるものであることを明言している。今から八五年も前の研究である。地方史・民衆生活史・民衆意識史といった視点にしっかりと立って、都市における地方性を提言し、深川という地域を素材に実証してみせたこの成果に、今更ながら敬服の念を禁じえない。

本章では、この先人のすぐれた成果に導かれつつ、主として十八世紀後半における江戸の地域構造と住民意識について考察を加えたい(7)。したがって江戸における地方性に関し、前述のごとく三つの視点を指摘したが、本章では、そのうちの第三の視点からの分析が中心となることを、あらかじめ御諒承いただきたい。

第二節　御府内の範囲

明暦大火後の江戸の都市構造の変化に関する最初の画期は、寛文・延宝期のように思える。その理由の一つとして、この期における駄賃馬・小荷駄馬の馬子の乗馬禁止区域の拡大を挙げることができる。すなわち市街地の拡大による道路の混雑化と、乗馬禁止区域の拡大とは密接に関連していよう。

まず寛文元年（一六六一）の江戸町触によれば、両国橋口、浅草橋口、柳原新シ橋口、和泉橋口、筋違橋口、小石川水道橋口、田安門之橋口、牛込御門之橋口、四谷御門口、赤坂御門口、麻布台鍋島屋敷之辻、西久保土器町四辻、芝金杉橋口と列挙し、「右口々を限、在郷荷付馬并駄賃馬・小荷駄馬口付之者乗候而参候ハヽ、下馬いたし、夫ゟ内ニ而一切不可乗旨可申渡事」とある。(8) 最初の両国橋口から赤坂御門口までの口々は、いずれも外濠環状線上にあり、いわゆる御曲輪内（日本橋・神田・京橋などの下町を含む）の境界線にある。そして麻布台鍋島屋敷之辻以下三カ所のみが、外濠の外側にあった。東海道筋など西南の道筋の地点である。

ところが、それからちょうど二〇年後の延宝九年（天和元）に出された町触には、寛文元年令とは比較にならぬほど馬子の乗馬禁止区域が一挙に拡大している。(9) すなわち東は深川・本所が禁止区域に組み入れられ、北も浅草・下谷・谷中・本郷・小石川、西は小日向・牛込・四谷・青山、南は芝牛町まで拡大している。いずれも外濠よりはるかに外側の地点であり、それぞれの箇所にこれより馬子は下馬せよという杭が立てられた。すでに述べたごとく、馬子の乗馬禁止区域の拡大は、市街地化の拡大と無縁ではなかろう。おそらく寛文元年から天和元年までの二〇年間に、江戸は人口が増加し、御曲輪内より外へ外へと市街地が拡大していったものと思われる。『御役人代々記』という史料に、次のような興味深い記事がみえる。(10)

江戸の町次第に広く成て、むかし田畑成し所迄家出来て、商買人共入込たれば、端の町賑やかに成たり。是を御老中方、江戸御繁昌に付家居無之所迄新家出来、江戸も広く成侍るは悦敷事也と宣ひけるを、飛騨守殿（町奉行甲斐庄正親）端々の遠方に新屋出来賑ひ侍るを、御繁昌とは難申事なり。むかしは江戸の町に職人・商人多く賑かなり。是を江戸御繁昌共申べし。近年は江戸の外に数多町出来商買物有に付賑ひ、却而江戸真中なる町は衰微せり。かくのごとく御城下の町淋しく、端々むかしより賑やかに成たるを、江戸御繁昌とは難申と申されしが、是も尤至極なり。

右の引用文中に登場する甲斐庄飛騨守正親は、延宝八年（一六八〇）から元禄三年（一六九〇）まで町奉行を勤めた人物である。江戸の端々にまで家ができ江戸が拡大した事実を、当時の老中たちは江戸の繁昌と評価して喜んだが、町奉行の甲斐庄正親は、江戸の端々が賑わうようになったかわりに、江戸の真中は昔より淋しくなった事実を指摘し、江戸の拡大とか端々の賑わいを、江戸の繁昌とはいいがたいと反論している。甲斐庄がここで、いわゆるスプロール現象がはやくも都市江戸に生じていることを認識している事実は注目に価しよう。

江戸の拡大は、元禄—享保期には一層進行したようである。荻生徂徠は当時の江戸の様子を、「何方迄ガ江戸ノ内ニテ、是ヨリ田舎ト云彊隈ナク、民ノ心儘ニ家ヲ建続ルユヘ、江戸ノ広サ年々ニ弘マリユキ、誰許ストモナク、奉行御役人ニモ一人トシテ心付人モナクテ、何ノ間ニカ北ハ千住、南ハ品川マデ、家続ニ成タル也」と述べている。(11) 江戸の拡大を、きわめて適切に指摘しているが、甲斐庄正親のように江戸の拡大を憂慮していた町奉行がすでにいたことには言及していない。

しかし、十八世紀後半には、幕府自身さえどこまでが江戸の内なのかわからなくなったのは事実である。たとえば旗本や御家人が江戸の府外に出る時は届け出をすることになっていた。ところが肝心の江戸の内と外との境目が明確でない。寛政三年（一七九一）の大目付の上申にも、「江戸内外之所、是迄と申場所相知兼候儀故、心得区々ニ罷成候。差当引当可申御定も相見不申候。依之凡御曲輪内より四里内外之所、江戸内之心得ニて、御届ニ不及」(12) とあり、江戸城曲輪内（東は常盤橋門、西は半蔵門、南は外桜田門、北は神田橋門）より四里くらいという、おおよその目安しか示していない。

右の引用史料中にも「心得区々」とあるように、当時すでに御府内の範囲については、次の四つの考え方があった。(13)

① 御府内とは町奉行支配場の範囲と同じである。幕府が編纂した『御府内備考』の調査範囲はこの立場に立って行われた。

② 御府内とは江戸払の御構場所の範囲と同じであり、品川・板橋・千住・本所・深川・四谷大木戸より内である。

③ 御府内とは寺社方勧化場（寺社建立等のため寄付を募ることを許可された地域）の範囲と同じであり、東は砂村・亀戸・木下川・須田村限り、西は代々木村・角筈村・戸塚村・上落合村限り、南は大崎村・南品川宿限り、北は千住・尾久村・滝野川・板橋限りである。

④ 御府内とは札懸場（変死者や迷子の特徴が掲示された地域）の範囲と同じであり、東は木下川村・中川通り・八郎右衛門新田限り、西は代々木村・上落合村・板橋限り、南は品川より長峰六間茶屋町限り、北は下板橋・王子・尾久川通限りである。

御府内の範囲について③と④はほぼ同じであったが、そのほかはかなり異なっていたので、幕府として統一見解を示す必要が生じた。やがて文政元年（一八一八）八月に、目付牧野助左衛門から「御府内外境筋之儀」についての伺いが出されたのを契機として、勘定奉行さらに評定所で入念な評議が行われ、その答申にもとづき同年十二月に、老中阿部備中守正精から正式見解が示された(14)。すなわち江戸絵図面に朱線を引き、「書面伺之趣、別紙絵図朱引ノ内ヲ御府内ト相心得候様」申し渡した。ここに示された御府内の範囲は、前記の③と④、つまり寺社方勧化場と札懸場との境筋にほぼ一致しており、同じ江戸絵図に黒線で示された江戸町奉行支配の範囲よりは、はるかに広い地域にわたっていた(15)。実は町奉行支配の地域も、すでに正徳期や延享期に随分ひろがっていた。しかし、この時定められた御府内の範囲は、それよりさらにひろくなった。東は中川限り、西は神田上水限り、南は南品川町を含む目黒川辺、北は荒川・石神井川下流限りが、そのおよその範囲である。

十八世紀後半に成立した大江戸意識の成立は、こうした地理的な御府内概念の拡大と無関係ではなかろう。隣接農村の町場化という実態に照応して、すでに十八世紀後半に江戸が実質的に拡大していた事実を、十九世紀に入って幕府が追認したといってよい。そして正式に、町奉行支配地（黒引内）のさらに外側の村や町までも、御府内（朱引内）と呼ばれるようになった。

ここで注目されるのが、黒線と朱線との間にある村や町の動向である。前記の江戸絵図には、東に八郎右衛門新田村・木下川村・木ノ下村など二九カ村、北に三河島村・滝野川村・下板橋村など二五カ村、西に上落合村・鳴子宿・代々木村など一〇カ村、南に上大崎村・南品川町など八カ町村が記されている。[16]これらの村や町の人口動態や町場化の様子を、筆書自身未だ具体的に検証していないので、あくまでも提言にとどめざるをえぬことを遺憾とするが、この地域の研究の深化は、必ずや江戸の人口や江戸の地域構造に関する従来の研究成果に対し、再検討をうながすに相違ないと思う。

たとえば、江戸の町方人口の推移は表1のとおりである。[17]近世中期以降は、五〇万台から五七万台の間を上下するのみで、全体の傾向としては、一定の水準でほぼ頭打ちとなり停滞しているというのが大方の見方である。しかしこの表は、あくまでも町奉行支配下の人口推移である。しかも子細にみれば、停滞の一語では片付けられぬそれなりの変化を読みとることができる。享保から延享期にかけて漸減の傾向にあるが、これはスプロール現象によって、都心部の人口が端々に吹きだまったことにも一因があるのではなかろうか。したがって、町奉行支配下の地域の人口は表1のごとく減少しても、江戸周辺の代官支配地の村々の人口は、あるいは増加しているかも知れないのである。それに、地方で食べてゆけなくなって江戸にやってきた者たちの多くは、意外にも都心部に入らず、この江戸周辺部に滞留する傾向にあったのではなかろうか。となると、この地域の人口は近世中期以降ますます増加したはずである。これらの地域は、のちに江戸が大江戸になると御府内の範囲に入るのであるから、その際の江戸の

表1　江戸の町方人口

調査年次	総数	男女内訳			
		男	比率	女	比率
	人	人	%	人	%
享保19年（1734）	533, 763	338, 112	63. 3	195, 651	36. 7
元文3年（1738）	528, 117	333, 238	63. 1	194, 879	36. 9
寛保3年（1743）	501, 166	316, 378	63. 1	184, 793	36. 9
延享4年（1747）	512, 913	322, 493	62. 9	190, 420	37. 1
天保3年（1832）	545, 623	297, 536	54. 5	248, 087	45. 5
天保12年（1841）	563, 689	306, 451	54. 4	257, 238	45. 6
弘化1年（1844）	559, 497	290, 861	52. 0	268, 636	48. 0
安政1年（1854）	573, 619	294, 028	51. 2	279, 591	48. 8
万延1年（1860）	557, 373	282, 924	50. 8	274, 449	49. 2
慶応3年（1867）	539, 618	272, 715	50. 5	266, 903	49. 5

町人人口とは、従来明らかにされてきた表1のような町奉行支配地域の人口に、さらに周辺部（前記絵図の朱線と黒線の間にある村や町）の人口をプラスする必要があろう。

延享から天保期にかけての約八五年間は、江戸にとっていちばん大事な画期のように思われるが、残念ながらこの間の人口推移の数字を明らかにすることができない。表1によれば、この間にわずか三万余の人口増しかみられないが、先述したように、町奉行支配地の外側の代官支配地の村・町の人口をもプラスするならば、この時期には三万どころでない、もっと飛躍的な人口の増加がみられたに相違ない。御府内の範囲の拡大は、当然、人口統計上からいっても調査範囲をそれだけひろげて考えねばならぬはずだからである。約五〇万の武家人口とは別に、大江戸の町方人口は十八世紀後半から十九世紀前半にかけて、おそらく七〇万台の大台にのぼったものと推計される。このように江戸の人口は、近世中期以降も停滞せずに上昇を続けたと考えた方が自然ではなかろうか。(18)

いずれにせよ、こうした御府内の範囲の拡大は、一方では都心部住民の間に、ある種の危機意識を生ぜしめた。寛政期に書かれた『御府内雑話』には、「南は芝口新橋御門、北は筋違御門、西は四谷御門、東は浅草御門より大川通りを限り、是を御曲輪内、誠の御府内と唱へ候」(19)とある。御府内をあえて狭義に解釈し、御曲輪内こそ「誠の御府内」だと主張している。こうした意識は、江戸の端々ではなく、江戸の中心部に生れ育ったことを強調する江戸っ子意識とか下町意識などに一脈通ずるものがあろう。

第三節　下町と山の手

江戸のなかの地域の分け方には、上からの行政的なもの、下からの住民意識的なものなどいろいろある。ここで取りあげる下町と山の手は、周知のとおり江戸のなかの対称広域地名である。しかもこれは、上から設定した行政地名ではなく、江戸住民の間に自然発生的に生じたであろう俗称地名であるから、単なる地名という以上に、そこには江戸住民の意識が反映されているように思われる。

江戸の地勢は、ほぼ西北の台地と東南の低地とからなっている。天正十八年（一五九〇）の徳川家康の関東入国以降、江戸の低地に主として町屋が形成され、台地上（武蔵野台地の末端）に多くの武家屋敷が設置されていった。この低地部分が下町、台地部分が山の手と呼ばれた地域であり、語源的には、このような地勢から生じた俗称地名といえよう。しかし、この語源説明はかなり直感的である。決して誤っているとは思わぬが大雑把のそしりは免れぬであろう。

そこで下町と山の手の語源について、江戸時代の諸書をたよりに、いま少し立ち入って詮索してみよう。まず下町については、文政期に幕府が編纂した『御府内備考』に、「按に、下町は御城下町と称せる略なるべし」[20]とある。江戸城の膝元、つまり御城下《おしろした》の町だから下町と称したというのである。これは、幕府の編纂書に採用された下町語源説であるから、かなり有力である。しかしこの説が正しいとすれば、どの城下町にも、こういう意味での下町という地名が残っていてもおかしくないはずである。にもかかわらず下町という地名は、全国各地にあった城下町一般に普遍化できず、江戸特有の地名としての色彩が濃い。その点の説明がないと、十分なる説得性をもたないのではなかろうか。

一方、山の手の語源については、山の里の意だとする説、あるいは坂道が多いので山の手というようになったとする説などがある。いずれも幕末期の書であるが、『砂子の残月』には、「山の手は山の里たるべし。里の字に、て訓《よみ》あり。万里の小路を、までの小路と読みたるがごとし」とある。また『江戸自慢』には、「赤坂、四ツ谷、市ケ谷、牛込、小石川等は坂道多き故、山の手と唱ふ」[21]とある。いずれの説が正しいかは、ここでは措くとして、『江戸自慢』が指摘するように山の手の地形は、平板な台地と、台地と台地とを結ぶ坂、あるいは台地最突端と下町とを結ぶ坂によって構成されており、坂道が非常に多いのは事実である。

なお山の手という地名は、海手に対する呼称として生じたという考え方も成り立とう。山の手の対称地名の本来は、下町ではなく海手ではなかろうか、というのである。『御府内備考』の甲府御屋敷蹟の項に、「承応記伝、元年八月十四日長松君へ御下屋舗、海手と山の手両所進せられしとなり」[22]（傍点引用者）とあり、あきらかに海手と山の手が対称地名となっている。引用文中の長松君は、四代将軍家綱の弟綱重の幼名である。その長松君が承応元年（一六五二）八月に下屋敷二カ所を贈られたが、『御府内備考』の編者は、海手の下屋敷は今の浜御殿の地にあったもの、山の手の下屋敷は青山にあった屋敷であろうと推定している。

ともあれ右の引用史料によって、山の手の対称地名として海手という地名のあったことが確認できる。となると、江戸の市街地化以前から山の手・海手という対称地名があり、やがて海手の部分が埋立て造成などにより市街地化が急速に進むなかで、下町の地名が生じ、山の手・下町という対称地名が、山の手・海手という対称地名にかわって一般化するようになった、という地名変化の筋道を推測することが可能となろう。したがって、山の手に対する地名としての海手は、下町という地名に圧倒されて、かなり早い時期に消え去ったものと思われる。引用史料の承応年間は、山の手・海手の使用例のむしろ下限に近い時期のものであり、この時期前後には、すでに山の手・下町の対概念の方が、かなり一般化していたといえよう。

下町・山の手という対称的用法の史料上の初見は、管見の範囲では寛文二年（一六六二）である。しかもこれは江戸の史料ではなく、江戸から西へ約七里、武蔵野台地のほぼ中央に位置する小川新田（のちの小川村）の農民の訴状のなかに登場する。この訴状では、村の惣百姓が名主九郎兵衛の数々の不正を、寛文二年十一月に奉行所に訴え出たものであるが、その文中に、「新田ニ而瓜作少宛仕候、下町瓜といやかしニて壱間、山之手ニ壱間、御江戸ニ瓜といや二間名主九郎兵衛相定、百姓付おくり売申候ニ、其金子七月ニ勘定仕、名主九郎兵衛請取、云々」(23)とある。すなわち、小川新田では少々ではあるが瓜を作り、名主九郎兵衛が指定した江戸の二軒の瓜問屋に売っていたことがわかる。しかもその二軒の内訳は、一軒は下町の河岸にある瓜問屋、もう一軒は山の手にある瓜問屋と記されている。

そこで、右の史料から判明する事実として、さしあたり次の三点を指摘しておきたい。まず第一は、下町・山の手が対称地名となっていること、第二に江戸周辺農村の百姓でさえ、江戸を二分する広域対称地名として、下町・山の手という言葉を呼びならわしているほどであるから、ましてや江戸住民の間では、この時期にすでに対称地名として完全に定着していたであろうこと、第三に、周辺農村における生産物の江戸への流通ルートの具体例から、当時の江戸の経済構造とか流通構造が、下町・山の手という地域構造と密接に関係していることがうかがえることである。

次に、下町と山の手の地域構造の差について、社会・風俗・経済などの諸側面から検討してみよう。まず、下町＝おもに町人の居住地域、山の手＝おもに武家の居住地域という社会的な地域概念が、すでに十七世紀後半には人びとの間に定着していたことを指摘しておきたい。文学作品ではあるが、天和二年（一六八二）の井原西鶴の

『好色一代男』巻六に、吉原の太夫よし田を寵愛した「山の手のさる御方」が登場する。ついで天和三年の戸田茂睡の『紫の一本』には、「下タ町権左衛門」がみえ、さらに元禄三年（一六九〇）の鹿野武左衛門らの噺本『枝珊瑚珠』には、「山の手のよし様」と「下町の新兵衛」が現れる。

この場合、「山の手のさる御方」や「山の手のよし様」は、あきらかに大名・旗本などの武士を指しており、「下タ町権左衛門」や「下町の新兵衛」は、まず町人とみて間違いあるまい。このように山の手は武家屋敷、下町は町人の町を象徴する対置的地域概念としてパターン化されるほどに、当時の人びとにこの言葉は浸透していたのである。武家人口約五〇万、町方人口約五〇万が集居していた江戸は、武家の都であると同時に、町人の都でもあるという社会身分的な二重構造を有していた。そしてこの二重構造が、都市江戸を二分する山の手・下町という地域差に、象徴的に反映しているといえよう。

風俗も、下町と山の手ではかなり異っていた。先に引用した『江戸自慢』に、山の手は「江戸内ニ而も田舎めきて下町辺とは言葉も少し違ひたる」とあり[24]、下町言葉と山の手言葉に違いのあったことを指摘している。しかも山の手は田舎めいているというのである。

山の手は喰わず下町まだ聞かず

山の手の湯は女人とて隔てなし

右の川柳二句は、いずれも山の手＝田舎、下町＝都会という地域差を皮肉っている。はじめの句は、山の手ではほとゝぎすの初音を聞いたが初鰹はまだ食べていないの意である。二番目の句は天明二年（一七八二）の作で、山の手は田舎風であり、しかも下町と違って男湯・女湯と別々に焚いたのでは商売が成り立たないので、男女混浴になっていることを諷刺している[25]。

このように田舎めく山の手は、風俗にしても下町の粋・派手に対して野暮・地味であった。嘉永二年（一八四九）

生まれの鹿島万兵衛著『江戸の夕栄』には、山の手と下町の風俗を次のように対比している。[26]

　女の風俗でも、山の手は諸侯方奥向と御家中・お旗本・御家人が大部を占めてゐるゆゑ、自然に野暮地味の風でした。それに引き替え下町の風俗は、……順次通客顕れ出でしがため新進の流行品を作り出す。それに花柳の街《ちまた》は下町に多く、また宵越しの銭を持たぬ的の人々の七八割は下町に住居し、山の手には少なく、半纏を殺して初鰹を買ふといふ人々は神田ッ子に多きがごとし。

山の手は、自然景観からしても近郊農村との接点に位置したため田舎めいていたが、何といっても山の手には、諸大名の江戸屋敷が多かったから、全国各地の田舎風が諸藩の武士たちによって、たえずストレートに江戸の山手に持ち込まれ、風俗も言葉も下町とは異質なものが生じた。

これに対して、下町には武家屋敷が少なく、商人・職人の町屋が中心であった。しかも商人のうちでも問屋とか大商人が多く、職人のうちでも大きな棟梁らが多かったから、下町はまさに江戸の経済センターであった。そのうえ宝暦―天明期には、江戸町人文化が上方文化を圧倒して満面開花したが、下町はその江戸文化のセンターでもあった。そこにおのずと、下町ならではの独特の人情や気質がはぐくまれた。この下町気質の一典型が、初鰹を好み、宵越しの金を持たず、正義感の旺盛な、いわゆる江戸っ子気質であった。

下町と山の手は、経済面でもそれぞれ別個の要素を有していたものと思われる。すでに引用した寛文二年の武州多摩郡小川新田農民の訴状にもみられるように、商品作物である瓜を江戸の一つの問屋に売らず、下町の瓜問屋と山の手の瓜問屋というように二つのルートに分けて販売している。これは江戸の流通構造が、当時すでに下町と山の手に分かれていたことを示している。時代はずっと降るが天明八年の史料に、「銭段々高く相成候……飯田町、麹町より初め市谷、四ッ屋(谷)、赤坂辺、山の手相場と申候て下町よりハ少しづゝいつでも高直ニ候由」[27]とある。銭相場に山の手相場というのがあり、下町相場より高値であったことが記されている。こうした経済圏の差は、単に銭相場に限らず米相場や野菜相場等の諸物価にも、何らかの影響を与え、それぞれ山の手相場・下町相場があったことであろう。ただし野菜相場などは、むしろ産地に近い山の手の方が、下町相場よりも安かったかも知れぬ。いずれにせよ、同じ江戸のなかでもこうした地域的な経済圏・流通圏があったことにつき、今後さらに研究を深める必要があろう。とくに、たとえば物価を一つのメルクマールにして、江戸内部の地域差を解明することができるならば、江戸の地域的な住民構成をかなりヴィヴィッドに浮き彫りにすることが可能となろう。

それでは、江戸時代の下町と山の手の範囲はどのようなものであったか。もっとも下町とか山の手という地名は行政地名ではなく、通称・俗称の広域地名なので、どこからどこまでという、きちんとした線引きができるものではない。おおよその範囲しか示しえない性質のものであることを、あらかじめお断りしておく。また後述するごとく、その時代その時代のいわゆる社会通念にしたがって、範囲がひろがってゆくことにも注目したい。

『御府内備考』は、江戸を三七の地域に分けて、その地域の状況や名勝旧蹟などの沿革由来を詳記している。三七の地域とは、御曲輪内、外神田、浅草、下谷、根津、谷中、湯島、本郷、駒込、巣鴨、小石川、小日向、関口、護国寺領三ケ町、高田、雑司ケ谷、牛込、市谷、四谷、赤坂、青山、渋谷、麻布、桜田、飯倉、芝、三田、白金、目黒、高輪、品川、深川、本所、中之郷、小梅、柳島、亀戸である。このうち『御府内備考』で下町とされているのは、一番最初の御曲輪内の、しかも日本橋・神田・京橋の辺だけである。さらにその中心は、「日本橋川筋より北の方、神田堀内に属する」町々であり、「此辺おしなべて下町と云」(28)とある。そして神田と下谷の間にある外神田地域のことを、「元より下谷・鳥越に属する町にはあらず、又下町にも附しがたし」(29)として、神田より東は下町の範囲に入れていない。幕末期の江戸のようすを記した菊池貴一郎著『江戸府内絵本風俗往来』(30)にも、「日本橋より数町四方、東は両国川、西は外濠、北は筋違橋・神田川、南は新橋の内を下町と唱え」とある。現在の中央区全部と千代田区のごく一部が江戸時代の下町であった。

一方、山の手の範囲は文政元年（一八一八）の滝沢馬琴著『玄同放言』によれば、「四ツ谷、青山、市ケ谷、北は小石川、本郷をすべて山の手といふ」とある。また幕末期の山の手の範囲については、先述の『江戸府内絵本風俗往来』に、「麻布、赤坂、青山、四ツ谷、市ケ谷、小石川、駒込、本郷辺を山の手と唱へり」[31]とあり、駒込など周辺地域に山の手が若干のひろがりをみせている。いずれにせよ、現在の港区・新宿区・文京区のそれぞれ一部に相当する地域を山の手と称していた。

いま、江戸時代における山の手の地域的ひろがりを指摘したが、江戸時代の下町や山の手の地域概念は決して固定的なものではなく、下町もまた拡大化の傾向にあり、住民意識にも微妙な変化がみられた。元文二年（一七三七）に生れた小川顕道の著『塵塚談』に、「我等二十歳頃迄は、白山・牛込辺の人、神田辺或は日本橋辺へ出る節は、下町へ行《ゆく》の、家来は下町へ使にやりたるなどといふ。また浅草近辺のものは、神田・日本橋辺へ出るをば江戸へ行といひけり。山の手・浅草辺は近年迄田舎に有ける通言なり。近頃下町へ行、江戸へ行、といふ人絶てなし」[32]というたいへん興味深い記事がある。著者の小川顕道が二〇歳の頃といえば宝暦七年（一七五七）前後である。その頃はまだ白山・牛込・浅草辺は田舎であるという住民の認識があり、これに対して神田・日本橋辺は下町であり江戸であった。浅草近辺の人が神田・日本橋へ出る場合、「江戸へ行く」といっていたという話は面白い。

しかしそれから半世紀、つまりこの『塵塚談』が成立した文化十一年（一八一四）頃までの間に、白山・牛込や浅草辺の人びとが、「下町へ行く」とか「江戸へ行く」という言葉を口にしなくなった。つまり白山・牛込や浅草の住民が、かれらの居住地を神田・日本橋と同一地域だと考えるようになったというのである。明らかに下町概念の拡大である。このように住民意識に変化をもたらしたものは何か。ここでは山の手住民の意識変化を取りあげよう。

江戸時代中期以降、隣接農村の町場化による江戸の拡大に伴って、山の手の地域がひろがっていった。その結果、山の手は武家屋敷の多い所というほか、田舎めく近郊農村のイメージが色濃く包含された。そこで、比較的下町に近い場所に住していた旧来の山の手族の間には、江戸の拡大に伴い新しく編入された新山の手族と、一体視されるのを避けようとする気持が生じ、われわれは下町と同じ生活圏の住民であるという意識をもつようになったのではなかろうか。

もう一つ、山の手の住民意識に変化をもたらした背景がある。とくに宝暦―天明期に、山の手に住するインテリ武士たちが、下町の町人らと一緒になって、川柳や狂歌に、俳句や和歌に、生け花や茶の湯に、あるいは洒落本や黄表紙の戯作に、といった文化活動をさかんに行ったことである。宝暦―天明期に満面開花した江戸文化の創造者は、江戸町人と、町人化を志向したインテリ武士たちとであった。このようなインテリ武士たちの行動様式における町人化は、まさに山の手の下町化を象徴していよう。山の手の住民が、宝暦頃までは「下町へ行く」という言葉をさかんに使用していたが、近年はこの言葉をほとんど耳にしなくなったという先述の小川顕道の指摘は、きわめて示唆的である。

山の手と下町という地名は、それぞれ武家屋敷と町屋によって象徴されるように、本来は身分的・社会的な上下の階層差を表現していた。しかし十八世紀後半以降、山の手と下町はかならずしも社会的な上下を表現するものではなくなった。大名や旗本といった権力者が住む山の手に対し、野暮と皮肉る大江戸下町の気概が山の手を圧倒するようになった。しかも逆に、山の手の方では下町と同化したい願望が、その後も絶えず続いた。武士に対する江戸町人の経済的実力の伸長が、そうした風潮を一層助長したといえよう。

注

（1）「鈴木町肝煎名主源八上申書」『大日本近世史料、市中取締類集一』三一七ページ。
（2）「大江戸の特色」『西山松之助著作集』第三巻三七ページ、四一ページ。
（3）林玲子『江戸店犯科帳』
（4）たとえば、諸藩の江戸屋敷における地方武士たちの生活を解明することが緊要と思われる。そのうえで、かれらが都市江戸に与えた影響とか、逆に江戸がかれらに与えた影響等を考察したい。とかく江戸の研究は町人の研究に重点がおかれがちであるが、江戸には約半数の武家がいたことを忘れぬようにしたい。また『正宝事録』等を活用し、江戸に持ち込まれた地方的な民俗・風習を明らかにすることも大切である。
（5）『深川区史』下巻、大正十五（＝昭和元）年刊。書名を『江戸深川情緒の研究』と改めて昭和五十年に復刻刊行（有峰書店）。
（6）右同書四ページ。
（7）ただし、本章では江戸全体の地域概念、および江戸の広域地名の下町・山の手概念の問題に絞って論じた。
（8）『正宝事録』第一巻九九ページ。二九七号。
（9）右同書第一巻二一〇ページ。六一七号。
（10）『日本財政経済史料』第四巻三二六ページ。
（11）『政談』『日本経済叢書』第三巻三四五ページ。
（12）『御触書天保集成』下、三三九ページ。五一九三号。
（13）『御府内備考』第一巻五三六ページ。解説「御府内の地域について」参照。
（14）『東京百年史』第一巻附図「江戸朱引図」。
（15）ただし町奉行支配地の内、中目黒村と下目黒村だけが、朱線より外側に飛び出している点が注目される。
（16）注（14）参照。
（17）幸田成友「江戸の町人の人口」『社会経済史学』第八巻一号。
（18）江戸の町人人口表によれば、十八世紀前半までの男女比はほぼ六三対三七で圧倒的に男性が多く、江戸はいかにも男性都市の名にふさわしかったが、十九世紀に入ってから幕末にかけて、男女はほぼ同数となり、その面では安定した都市に変貌している。こうした変化は、おそらく十八世紀後半から十九世紀の初頭にかけて起きたものと思われるが、その理由については、この時期の江戸の人口増と関連させながら解明する必要があろう。

(19) 前田勇編『江戸語の辞典』八九〇ページ。
(20)『御府内備考』第一巻一四〇ページ。
(21)『未刊随筆百種』第八巻五〇ページ。
(22)『御府内備考』第四巻三ページ。なお同書第二巻一ページにもほぼ同内容の記事がある。
(23)『小平町誌』五八ページ。伊藤好一氏の御教示による。記して感謝の意を表する次第である。
(24) 注(21)に同じ。
(25)『御触書天保集成』下、四三五ページ。のち寛政三年正月に男女混浴禁止令が出された。その触書中に「町中男女入込湯之場所有之、右は大方場末之町々ニ多く有之、男湯女湯と相分焚候ては、人入少、渡世ニ相成不申候故、入込ニ仕来候儀と相聞、云々」とある。
(26) 大正十一年刊。ただし引用文は中公文庫版一〇四〜一〇五ページ。
(27)『よしの冊子(上)』『随筆百花苑』第八巻、二八九ページ。
(28)『御府内備考』第一巻一四〇ページ。
(29)『御府内備考』第一巻一六六ページ。
(30) 明治三十八年刊。東洋文庫『絵本江戸風俗往来』九ページ。
(31) 右同書九ページ。
(32)『塵塚談』(『燕石十種』第一巻二六七、二六八ページ)。

第二章　下町の地域性

第一節　江戸っ子意識の成立

下町の地域性をもっとも象徴する言葉は「江戸っ子」である。都市江戸に生まれ、かつその江戸で育ったことを誇りとする人びとである。

具体的には、将軍の膝元《ひざもと》の江戸下町に生まれ育ち、金ばなれがよくて正義感にあふれ、「いき」と「はり」に生きた人びとである。そこには、地方出身の江戸住民とは違う、生粋《きっすい》・はえぬきの江戸住民としての強烈な自意識があった。

では江戸っ子という言葉は、いつ頃から文献上に現れるのか。西山松之助氏の研究（『江戸ッ子』吉川弘文館、一九八〇年）によれば、明和八年（一七七一）の川柳「江戸っ子のわらんじをはくらんがしさ」が江戸っ子の文献上の初見である。「らんがしい」とは、騒がしいの意で、旅立ちの風景であろうか。元気で賑やかな江戸っ子を諷している。

この川柳を初見として、以後、「江戸っ子」は主として川柳に登場する。

江戸っ子の生《うまれ》そこない金をもち（安永二年）

江戸っ子にしてはと綱はほめられる（安永二年）

江戸っ子の妙《たえ》は身代つぶすなり（天明三年）

そして天明期に入ると、川柳のみならず、洒落本・黄表紙などの小説や、歌舞伎のセリフなどにも続々と江戸っ子が登場するようになった。つまり、江戸っ子という意識は十八世紀の後半になって成立したのであり、元禄期にも享保期にもまだ江戸っ子はいなかったのである。

天明四年（一七四八）刊の洒落本『彙軌本紀《いきほんぎ》』の序文には、次のような江戸っ子像が記されている（原漢文）。

鳴呼東都ノ盛ナルヤ、言ヲ以テ之ヲ挙クルモ亦宜ナリ。扶桑橋《にほんばし》ノ魚鬻《さかないち》ハ四時《よつ》ヲ過ギズシテ一匹モ靡《な》ク、青楼《よしわら》ノ娼妓《けいせい》ハ、九時《ひけ》ヲ待タズシテ一人モ靡シ。辱《かたじけな》クモ水道ノ水ヲ以テ産湯《うぶゆ》ト為《な》シ、曳窓《ひきまど》ヨリ鯱《しゃち》ヲ観《み》テ長《ひととな》リタルノ徳ハ、則チ孰《いずく》ニ之《ゆ》クト雖《いえど》モ何ソ引気《ひけ》ヲ資《と》ラン。況ヤ息子株ニ於テヲヤ。饗《もて》ズンバアルベカラズ。老子曰ク、大金ヲ費スコト小銭ヲ遣フガ若《ごと》シト。是東都子《えどっこ》ノ気情《きしょう》ヲ顕《あら》ハス所ナリ。

ついで天明七年刊の洒落本『通言総籬《つうげんそうまがき》』では、著者の山東京伝が「江戸っ子の根生骨」を次のように表現している。

金《きん》の魚虎《しゃちほこ》をにらんで、水道《すいどう》の水《みづ》を産湯《うぶゆ》に浴《あび》て、御膝元《おひざもと》に生れ出ては、拝搗《おがみづき》の米《こめ》を喰《くらっ》て、乳母《おんば》日《ひ》傘《からかさ》にて長《ひととなり》、金《きん》銀《ぎん》の細螺《きさご》はじきに、陸奥山《みちのくやま》も卑《ひくき》とし、吉原《よしはら》本田の髣筆《はけ》の間《あい》に、安房上総《あはかづさ》も近しとす。隅水《すみだかは》の鮊《しらうお》も中落《なかおち》を喰ず、本町の角屋敷《かどやしき》をなげて大門《おおもん》を打《うつ》は、人の心の花にぞありける。江戸ッ子の根生骨《こんじやうぼね》、万事に渡《わた》る日本ばしの真《まん》中《なか》から、……。

この江戸っ子意識の成立は、都市江戸の特質と密接に関係していた。第一に、江戸は政治的に日本の中心都市であり、上水道など、当時の日本におけるもっとも先進的な都市施設を有していたので、そこに生まれ育ったという自負心が醸成された。その上、江戸城のお膝元に生まれたということが何よりの自慢であった。そういえば下町とはお城下町の略称だといわれている。

前記の洒落本『彙軌本紀』の序文にも、「水道ノ水ヲ以テ産湯《うぶゆ》ト為《な》シ、曳窓《ひきまど》ヨリ鯱《しゃち》（江戸城）ヲ観《み》テ長《ひととな》リタルノ徳ハ、則チ孰《いずく》ニ之《ゆ》クト雖《いえど》モ何ゾ引気《ひけ》ヲ資《と》ラン」と述べている。一方、『通言総籬』も、「金《きん》の魚虎《しゃちほこ》をにらんで、水道の水を産湯《うぶゆ》に浴て、御膝元（将軍の御城下の町）に生れ出ては」と、江戸っ子の特徴をずばり指摘している。しかも江戸っ子の精神は、下町の中心、日本橋にこそあるというのである。

第二に、江戸は人口一〇〇万を優に越す大都市であったから、官営の建設事業をはじめ金の儲け口はいくらでもあり、働きさえすれば食べてゆくのにことかかなかった。当然金は無理にためなくてもよいし、かりに儲けたら金はきれいに使うものだという気質が形成された。前掲『彙軌本紀』にも、「大金ヲ費スコト小銭ヲ遣フガ若《ごと》シト。是東都子《えどっこ》ノ気情《きしょう》ヲ顕ハス」とある。

『通言総籬』にも、江戸で一番地価の高い本町の角屋敷を売り払ってでも一夜千両といわれる吉原を一人で買い切る（大門《おおもん》を打《うつ》）気風の良さこそ「人の心の花」、つまり江戸っ子の真髄だと述べている。「江戸っ子の妙は身代つぶすなり」という川柳に相通じるものがある。

第三に、江戸は、支配者である武士階級と被支配者である町人階級とがほぼ同数（五〇万余ずつ）居住するという特異な雰囲気をもった都市であり、いつも目の前に立ちふさがっている武士階級への抵抗精神、弱きをたすけつよきをくじく「はり」の活気がはぐくまれた。「二本差（武士）がこわくて、目刺《めざし》が食えるか」という気風である。

第四に、江戸にはたえず多数の地方出身者が流入し、地方武士もまた江戸屋敷に大勢在住していた。とくに江戸経済を牛耳っていたのは、江戸に支店をもつ上方商人であり、江戸の豪商の多くは伊勢や近江の商人であった。こうした上方者や田舎者の対置概念として江戸っ子意識は成立したのであり、上方者や田舎者の泥くさい「野暮」に対する、洗練されたいきの美意識や行動様式が追求された。

このように、その土地に生まれ育ったことを誇りとし、それをつよく自己主張する社会意識は、ほかの都市にはみられない。もちろん京都・大坂をはじめ各地の都市住民は、その都市都市に生まれ育ったことを誇りにしていた。しかし江戸っ子のように、他に対してみずからの特質を自己主張する社会意識にまでは成長しなかった。やはりほかの都市にはない、江戸という都市のみがもつ政治的・経済的・社会的・文化的特質を土壌にして、江戸っ子意識は成立したのである。

もちろんこのような江戸っ子意識は、江戸時代のはじめからあったわけではない。前述したように江戸っ子という言葉の文献上の初見は、明和八年（一七七一）の川柳「江戸っ子のわらんじをはくらんがしさ」であり、それ以降川柳のみならず、洒落本・黄表紙などの小説や、歌舞伎のセリフなどに続々と江戸っ子が登場するようになった。

それでは、なぜ田沼期に江戸っ子意識が成立したのであろうか。江戸は、諸国寄合世帯の新興の植民地都市として発展した。したがって当初は、根生いの文化や伝統を有していなかった。そのうえ武家地重視の都市計画により、町人地はしばしば強制移転を命ぜられ、火災も頻繁に起きたので、根生いの江戸生まれという意識が地域になかなか成立しにくい状況にあった。

しかし江戸時代も一世紀半を経過した田沼期には、諸国寄合世帯の雑然・混沌とした大都市江戸にも、何代か続いた江戸町人固有の、洗練・昇華された社会規範や生活様式が、地域に密着したかたちで創造された。この新興の都市にも伝統が成立した。しかし同時に、この田沼期には、荒廃農村からの多数の離村貧農が江戸に流入し、在来の江戸住民間の社会秩序を動揺させ、ふたたび雑然・混沌の都市に引き戻させるのではないかという危機感が横溢した。根生いの江戸住民のこの自負心と危機感が、江戸っ子意識をこの時期に成立させた契機のひとつといえよう。

また田沼期には、それまで経済的に上方商人に一方的に押しまくられていた江戸商人がようやく大きく成長し、江戸生まれ江戸育ちの豪商が輩出するようになった。しかし、この期におけるこうした経済変動によって、その上昇気流に乗りそこなった根生いの江戸町人や、あるいは、かつての豪商から没落下降せざるを得なくなった階層の危機感が、江戸っ子意識を成立させたもうひとつの契機になったと考えられる。「江戸っ子の妙は身代つぶすなり」「江戸っ子の生そこない金をもち」といった川柳は、この間の事情を雄弁に物語っていよう。

そして何といっても江戸っ子意識成立の最大の契機は、田沼期に江戸文化が上方文化を凌駕し、江戸固有の町人文化がみごとに花開いたこと、しかもその文化を開花させた中心的担い手こそ自分たちであるという自負心にあったといえよう。

こうして成立した江戸っ子意識は、十九世紀に入ってますます江戸住民のあいだに広く定着した。幕末には、江戸っ子を自称する者が多くなり過ぎたせいか、西沢一鳳《いっぽう》『皇都午睡《こうとごすい》』には、次のような江戸っ子の整理・分類がなされている。すなわち、両親共に江戸生まれの子は「真の江戸っ子」、両親のいずれかが江戸生まれでも片方が田舎生まれの場合は「斑《まだら》」、いくら江戸で生まれても両親共に地方出身の場合は「田舎子」というべきであり、江戸町方住民のその比率は、真の江戸っ子一割、斑三割、田舎っ子六割と指摘している。しかも、その六割にものぼる田舎っ子が成長すると「おらァ江戸子だ〳〵といふから、イヤハヤ何とも詞《ことば》なし」と嘆いている。

幕末の江戸を回想した鹿島万兵衛の『江戸の夕栄』（大正十一年刊）に、「江戸ッ子には二種類ありまして一様には申されません。他国に出て、あの方達はお江戸の衆だと多少尊敬されしは、将軍のお膝元に居住し、田舎人に較ぶれば少しは物も解《わか》り、それに銭遣ひもきたなくないゆゑなのでした。しかるに随分威張りながら銭遣ひのきたない江戸ッ子もありました。これは二本差してゐる人に多いやうでした。二種類の一は山の手風、一は下町風といって風俗も多少変つてゐました」とある。さらに幕末には旗本・御家人ら、山の手に住む武士も江戸っ子を称するようになった。

明治に入って江戸が東京となり、文明開化の風潮がさかんになるにつれ、江戸っ子意識は下火になったかにみえた。しかし明治二十年代から三十年代にかけ、薩長藩閥政府に対する下町庶民の反感、あるいは新時代に冷や飯を食わされている山の手の旧幕臣族らの不満を背景に、欧化主義の行き過ぎの反動としての江戸回帰の風潮がさかんとなった。当然のことながら江戸っ子意識の復権が強く叫ばれた。

明治二十二年（一八八九）創刊の『江戸新聞』の主張に、「此儘にては三百年間養成之江戸ッ子魂も亡滅し可レ申こと必然之儀に御座候間、今日に於て已喪の元気を回復致し江戸固有の美風を発揚致候こと目前の急務」とあり、明治三十一年刊の『江戸子新聞』も、「我が江戸子新聞が市民的性格、換言すれば所謂江戸子気質、即ち社界的義侠心の日に廃頽するを慨し、弱者の良友となり強者の敵となって蹶起」するという主張を展開している。また、同じ年、幸田露伴も『一国の首都』を著わして、「江戸児の江戸を愛重せる、実に深厚といふべきならずや」と、江戸っ子の面目を讃美している。

東京生まれ東京育ちの人を、東京人とか東京っ子という場合もあるが、多くは現在でも江戸っ子と称している。なお、江戸っ子とは人をさすのではなく、江戸特有の言葉、すなわち江戸弁という意味もあり、いまではほとんど死語になったが、東京弁のことを江戸っ子ともいった。

第二節　日本橋界隈の先進性

「国際化」とか「情報化」という言葉は、現代社会における重要なキーワードである。その国際化・情報化を、すでに早く、江戸時代に先取りしていた地域があった。日本橋の周辺地域である。

以下本節にはさまざまな人物が登場するが、主役はあくまでも次の二人である。一人は、本石町三丁目の長崎屋源右衛門、もう一人は、室町二丁目の須原屋市兵衛である。もっとも、長崎屋の方は個人名ではなく、代々の家業名である。

当時は鎖国の時代である。海外の知識を得ようとすれば、幕府が直轄する唯一の貿易港・長崎へ行かねばならなかった。そして長崎には、オランダ船と中国船しか来航が許されていなかったので、オランダの学問つまり蘭学を通じて、人々は西洋の知識を学んだのである。

しかし、蘭学を学び海外の知識を得る場所は、長崎だけではなかった。長崎の出島に居住するオランダ商館長（カピタンという）は、毎年春になると将軍に拝謁するために江戸に参府した。ただし、寛政二年（一七九〇）以降は、五年に一度の参府となった。

このオランダ人一行の江戸での定宿が、本石町三丁目の長崎屋であった。当主は、代々長崎屋源右衛門を名乗り、明治維新までに一一代を数えた。オランダ人の宿舎ということから、阿蘭陀宿《おらんだやど》とも呼ばれた。

江戸川柳に、「石町《こくちょう》の鐘は阿蘭陀まで聞こえ」というのがある。長崎屋は、日本橋から徒歩五分ほどの所にあった。日本橋を渡り、神田方面に向かうと、室町一・二・三丁目と続き、さらに人形市で有名な、十軒店《じっけんだな》がある。その先の右側、本石町の時の鐘の手前に長崎屋があった。時の鐘と、長崎屋とは隣接していたのである。前記川柳の句意が理解できよう。

長崎屋の外観を描いた絵は、残念ながら管見の範囲では、たった二枚しかない。いずれも挿絵であり、一枚は『狂歌江戸名所図会』にある正面からみた長崎屋、もう一枚は葛飾北斎の『東都遊』にある横道からみた長崎屋である。

『狂歌江戸名所図会』によれば、長崎屋の入口には冠木門があり、黒板塀に囲まれた本陣構えの立派な二階建ての建物である。屋敷地は間口九間半、奥行六〇間で、五七〇坪（一八八一㎡）の広さであった。

オランダ人一行の江戸滞在は、通常二十日間ほどであった。狂歌にも、「筒袖にぼたん掛けして長崎屋、旅寝廿日にかぎるかぴたん」とある。滞在中は、長崎屋の門にオランダ国旗の三色、つまり赤白青の幔幕が掲げられたという。この期間、日本橋界隈は異国情緒がただよい、なんとなく人々は心をはずませた。『東都遊』によれば、長崎屋の側面の窓に五人のオランダ人がみえ、好奇心旺盛な江戸っ子たちが、これを外からのぞき見している。子どもを肩車して、のぞかせている親もいる。許可なく異国人と接することはできなかったが、商館長一行の江戸城登城のとき以外にも、偶然このように見物できる場面があったのであろう。このときばかりは、国際都市江戸の雰囲気をかもしだした。

このようにオランダ人の江戸参府は、長崎以外の地で西洋文化に接する絶好の機会となった。そのため多くの人々が、公的あるいは私的に長崎屋を訪れた。幕府のお抱え医師や、天文方の役人はもちろんのこと、たとえば特命をうけた青木昆陽などは、一行の参府のたびに長崎屋へ通って、海外の新知識を吸収している。

とくに蘭学への関心が強まった十八世紀後半には、つてを求めて訪れる人の数も増した。杉田玄白、平賀源内、森島中良らは、長崎屋訪問の常連であった。このほかの訪問者には、中川淳庵、大槻玄沢、桂川甫周、宇田川玄随、司馬江漢ら錚々たるメンバーが名を連ねている。また島津重豪や奥平昌高ら蘭学趣味の大名たちも、この国際文化交流の場、長崎屋サロンの有力メンバーであった。

のちの文政十一年（一八二八）、オランダ商館の医師シーボルトは帰国の際、持ち出し禁止の日本地図を持っていたために国外追放の処分をうけ、地図を渡した幕府天文方の高橋景保らも処罰された。有名なシーボルト事件である。

実はこれは、江戸の長崎屋を舞台にして起きた事件であった。高橋景保が問題の地図を渡したのは、その二年前の文政九年にシーボルトが参府した折であり、しかも長崎屋においてであった。そのため、宿主の長崎屋源右衛門も、来訪者不取締り等の罪により、手鎖五十日の刑に処せられた。

具体的には、高橋景保が公用以外に私的にたびたび訪問したのを許したこと、禁制品をシーボルトに贈ったことに気付かなかったこと、シーボルトに治療をしてもらいにきた多数の来訪者を取締らなかったことが、長崎屋を処罰した理由である。

このことから、高橋景保はシーボルトが江戸に滞在中、公用以外にも夜間に頻繁に長崎屋を訪れ、懸命に西洋の学問を吸収しようと励んでいたことがわかる。海外の新知識は、わざわざ長崎まで行かなくても、江戸で吸収することができたのである。

杉田玄白は長崎屋訪問の常連であった。彼は、小浜藩に仕えた医師である。しかし長崎へ行ったことは一度もなかった。もっぱら江戸の長崎屋で、西洋の進んだ医術の情報を入手していた。

明和八年（一七七一）正月、例年のごとくオランダ商館長の一行が江戸にやってきた。玄白は、例によって早速長崎屋を訪れた。その際、オランダの医書『ターヘル・アナトミア』を手に入れた。値段は不明だが、かなり高価だったとみえ、彼は小浜藩に購入してもらった。

そして、その年の三月四日、玄白にとっても、また蘭学発達の歴史にとっても、運命の日がやってきた。この日、幕府の許可のもとに、死刑囚の遺体の腑分け、つまり解剖が行われ、玄白のほか、同じ蘭学医の前野良沢・中川淳庵らが立ち会ったのである。

このとき、玄白はあの『ターヘル・アナトミア』を持参した。この本に記されている内臓や骨格などの精密な図と、腑分けの実際とを見くらべるためである。奇しくも前野良沢も、先年長崎で購入したといって『ターヘル・アナトミア』を携えてきた。二人は思わず顔を見合わせ、ほほえんだことであろう

さてこの日、遺体の腑分けを観察した彼らは、『ターヘル・アナトミア』の図のあまりの正確さに驚いた。そして、これまで学んできた日本や中国の医書の人体図が、いかに誤りだらけであるかを思い知らされた。彼らは期せずして、この本を翻訳しようということになった。

善は急げで、早速その翌日から、築地の中津藩邸（現・明石町）内の前野良沢宅に、玄白、淳庵をはじめ石川玄常・桂川甫周らがあつまり、『ターヘル・アナトミア』の翻訳作業を開始した。良沢のみが少々オランダ語がわかるという程度の知識で始まった大事業は、苦心に苦心を重ねたすえ、四年後の安永三年（一七七四）にやっと完成した。

わが国における西洋解剖書の本格的な翻訳書の誕生である。これが有名な『解体新書』であり、その後の蘭学発達の基礎となった。この翻訳の苦心談は、玄白晩年の回想録『蘭学事始』にくわしい。

やがて、杉田玄白や前野良沢らの教えをうけた者のなかから、すぐれた蘭学者・蘭方医が輩出し、蘭学の一層の発達をうながした。

たとえば大槻玄沢は、オランダ語の入門書『蘭学階梯』を著したり、京橋水谷町（現・銀座一丁目）に家塾の芝《し》蘭堂《らんどう》をひらいたりして、多くの門弟を育てた。芝蘭堂では新元会と称し、毎年太陽暦の元日に祝宴を催した。これはオランダ正月とも呼ばれ、この日京橋辺りは、時ならぬ西洋の正月気分がただよった。なお玄沢という名前は、玄白・良沢という二人の師の名から、一字ずつもらったものである。

以上のような本格的な蘭学が、なぜ江戸で発達したのであろうか。その理由はさまざまあるが、大きな理由の一つとして、オランダ商館長一行が江戸参府の際、旅宿とした長崎屋の存在を指摘しておきたい。長崎屋は江戸において、実質的な海外情報センターとして、国際化・情報化の先駆的な役割を果たしていたのである。

江戸時代、情報を担ったのは出版業者であった。十八世紀後半のいわゆる田沼時代には、上方の出版業者より江戸の出版業者の方が、優位に立つようになった。情報発信は上方でなく、江戸からという時代になった。しかも同じ江戸といっても、有力な大手の本屋は、日本橋界隈に集中していた。

有名な喜多川歌麿の美人画や、東洲斎写楽の全作品（一四〇数点）を刊行した蔦屋重三郎は、江戸一番のメインストリート本町通りに面した通油町に店があった。恋川春町・山東京伝といった人気作家の作品を数多く出版したのも蔦屋である。

また曲亭馬琴の『傾城水滸伝《けいせいすいこでん》』や、柳亭種彦の『偐紫田舎源氏《にせむらさきいなかげんじ》』で大当たりをとった鶴屋喜右衛門も、通油町にあった。このほか大ベストセラー『東海道中膝栗毛』を出版した村田屋治郎兵衛も通油町、葛飾北斎の「富嶽三十六景」シリーズを刊行した西村屋与八は馬喰町二丁目にあった。

これらの店から出版された作品の数々は、江戸だけではなく、全国の読者に親しまれた。したがって日本橋界隈は、江戸はもちろんのこと、日本全国への情報発信の基地だったのである。

以上のような十八世紀後半の江戸出版業界にあって、とくに国際化・情報化という面で、顕著な活躍をした本屋が須原屋市兵衛である。彼もまた、日本橋界隈の室町二丁目に店を構えていた。

須原屋は、宝暦十年（一七六〇）から文化八年（一八一一）に没するまでの五十二年間に、二〇〇点にのぼる本を出版した。杉田玄白・平賀源内・森島中良らの作品を中心として、さらにこの三人とも、なんらかの関係を有した者の著作を多く出版した。

玄白・源内・中良は、いずれも、新しい学問を発展させる基礎を築いた人々である。彼らとの縁を早くから結び、その出版を引きうけた須原屋市兵衛は、時流を先取りする進取の気性に富んだ人物であった。

彼が出版した本には、学問・文芸史上、画期をなすものが多かった。日本医学史上、記念すべき杉田玄白らの『解体新書』については先述したが、それを出版したのは、ほかならぬ須原屋市兵衛であった。また、玄白らの弟子の宇田川玄随が著わした日本最初の西洋内科医書『西説内科撰要《せいせつないかせんよう》』も須原屋から出版された。

日本博物学史上注目すべき平賀源内の『物類品隲《ぶつるいひんしつ》』もそうである。これは源内が催した五回にわたる物産会の出品総計二〇〇〇余種のなかから、三六〇種を選んで記録した書である。

源内の『火浣布略説《かかんぷりゃくせつ》』や『神霊矢口渡《しんれいやぐちのわたし》』も、須原屋が刊行した。前者は、石綿で織った不燃性の布についての解説書である。後者は、源内が福内鬼外《ふくうちきがい》という戯作者名で著わした浄瑠璃本であり、江戸言葉で書いた最初の浄瑠璃本として、文芸史上画期的な位置を占めている。

また、源内の弟子の森島中良の海外情報に関する著書『紅毛雑話』『万国新話』『琉球談』も須原屋よりつぎつぎに出版された。なお、前述の『解体新書』に収載の図は、源内の油絵の弟子の秋田藩士小田野直武が描いている。須原屋の源内びいきは、その弟子たちにも及んでいる。

森島中良の心友である林子平が著わした『三国通覧図説』も須原屋が出版した。このころ須原屋は、中根玄覧の『地図一覧図』、長久保赤水の『大清広輿図』をはじめ、世界地図や世界地理書の類をさかんに刊行している。

このように須原屋市兵衛の目は、日本国内にとどまらず、ひろく世界へひらかれていた。一出版人であるが、玄白・源内・中良・子平らと同じように、彼は遠く西欧に向かって大きく目を見ひらいていた。そこに須原屋サロンともいうべき、同志の文化人グループの情報交換や出版活動が展開した。

須原屋市兵衛の店は、日本橋のごく近くの室町二丁目にあった。そこから北に、ほんの三分ほど歩いた本石町三丁目に、あの長崎屋があった。長崎屋からさらに北へ三分ほど行った神田白壁町に、平賀源内が住んでいた。源内と同じ町内には、浮世絵師の鈴木春信もいた。

また杉田玄白は、日本橋から南へ数分歩いた通り四丁目で外科医を開業していた。長崎屋へは徒歩十分余りの距離である。源内の『物類品隲』の挿絵を描いた宋紫石は、玄白の隣家に住んでいた。

長崎屋と須原屋、そして源内と玄白の住居の位置からして、かれらの日常的な交流の親密さが、容易に想像できよう。そして玄白や源内が長崎屋で得た海外情報は、すぐに須原屋の耳にも入ったことであろう。

長崎屋サロンと須原屋サロンとが交錯する、日本橋界隈における地域連帯的な文化活動は、おのずと国際的視野に立つ、当時としては驚くほど先進的な、情報・出版活動として展開した。

最後にもう一度、あの西洋の解剖書『ターヘル・アナトミア』が世に公になるまでの経過を確認しよう。すなわち、この原書を杉田玄白が入手したのは本石町の長崎屋、玄白らが翻訳作業に従事したのは築地の前野良沢邸、その成果を『解体新書』と題して出版したのは室町の須原屋である。いずれも現在の中央区域であり、この地には進取の気性がみなぎっていた。

第三章　近世深川の地域的特色

第一節　水郷深川

江戸はイタリアのヴェネチアと同様、「水の都」であったと最近しきりにいわれている。私も江戸という都市は、今日想像する以上に水が豊かであったと思う。掘割が随所にあり、大動脈の隅田川は江戸市民の日常生活に密接に結びついていた。なかでも江戸時代の深川は、「水の都」江戸の、まさに象徴的地域であった。

大正十五年（昭和元年）に刊行された『深川区史』下巻の緒言に、「深川はヴェネチヤに比較してもよいほどの水郷で、其四至は水によつて劃られてゐる。即ち東には中川、西には隅田川が南北線をなして流れ、其中間に介在する新沖積層である」と記されている。すでに早く大正の末に、このように深川をヴェネチアとの比較において水郷と規定し、そこに焦点を絞って江戸時代の深川を論じているのである。

この『深川区史』下巻の著者は西村真次氏で、執筆に際して『深川区史』上巻の著者和田清馬氏に大いに協力してもらったとのことである。大正末に深川民衆の情緒生活を解明しようと企図したこの本が、今日なお、読者に新鮮な感動を与える理由の一つは、その分析視角のユニークさにあろう。すなわち、地域史・民衆史・社会生活史の三つの視座にしっかりと立ち、その分析を総合するなかから「深川情調」という、地域独特の雰囲気形成の心理を歴史的に跡付けている。

今日では、地域史とか民衆史とか社会生活史の重要性についてだれもが口にするが、この視点に立つ研究が本格化したのは、それほど古いことではない。ましてや地域独特の雰囲気を解明しようという歴史心理学的な分析法は、未だほとんど手がつけられていないといってよい。前記『深川区史』下巻は、すでに大正末に、これらの分析法をすべて取り込んで、みごと実証しているのだから驚きである。今日でも新鮮さを少しも失っていない名著といえよう（昭和五十年に『江戸深川情緒の研究』と改題し、復刻本が刊行された）。

著者は、深川をこよなく愛していたようだ。この本の随所に、それがにじみ出ている。たとえば、「山の手には山の手の空気が漂ひ、下町には下町の空気が漂つてゐることは勿論であるが、深川にはそれらと色彩を全然異にした格別な色彩のただよひを見る」のである。著者のみた深川は、明治末から大正期にかけての深川である。山の手とも下町とも違い、深川はやはり深川だというのである。その深川の「格別な色彩のただよひ」を、著者は具体的に次のように述べている。いささか長文であるが、当時の深川の雰囲気をみごとに描写してくれている。

京橋区も大川端に出ると、何となく水都らしい感じがするが、あの永い永代橋で夜の大川を過る時、対岸には燈光がきらめき、大きな倉庫の壁が闇にくつきりと白く見え、黒い水の上を更に黒い船が幾艘となく航行してゐるのが夢のやうに幽かに憧憬の眼に映ずる。もう永代橋が尽きようとする時、私は夏でも冷やりとした感じに打たれる。電車の線路に沿うて黒江町へ出ると、夜店の燈りがしめつぽい空中に反映して、うつとりとした光りを街上にたゆたはせてゐる下で、蛤や蜆や栄螺を売つてゐるのを見る時、湯気の立つ白飯の上にむきみ貝を盛つた深川飯を其看板の陰に見る時、竹を栽ゑた格子造りの小さい家に蒲焼、柳川鍋の行燈が懸つてゐるのを見る時、抜衣紋の片肩を低うしてしやなら〳〵と歩く櫛巻の女を見る時、私はここが矢張り東京の中であるかを疑つた。私は深川をどうしても東京のやうに感じない。そこを独立した、東京以外の、どこにも属してゐない一水都のやうに思つてならない。私の此感じが深川の生命である。少くとも深川を特色づける何物かの印象であらねばならない。そこに深川の地方色——ローカル・カラァとでもいふべき色彩が浮いてゐるのだ。まことに名文である。永代橋からの夜景、貝を売る夜店の燈り、湯気の立つ深川飯、格子造りの小家の蒲焼・柳川鍋の行燈、抜衣紋の櫛巻の女等々、いずれも眼前に浮かぶようである。しめっぽい雰囲気や水郷の感じが、実によく描かれており、著者は、山の手にも下町にもない、この雰囲気や感じを深川情調と名付けて分析を進めている。

右の引用文でとくに注目したいのは、著者が「私は深川をどうしても東京のやうに感じない」と述べている点である。明治末〜大正期の深川が、行政的には東京市に含まれていながら、東京とは異なる、東京以外の独立した「一水都」のように著者が感じている点である。ましてや江戸時代には、都市江戸に行政的に含まれてはいたが、かなり江戸とは異なる深川であったに相違ない。深川のもつさまざまな特色、とくに深川住民の有する独特の美意識は、江戸との、下町との、違いの強調のなかに壊成されたのではなかろうか。

第二節　深川非下町論

今日では、深川といえば浅草と並んで、もっとも下町らしい下町といわれている。独協大学の山鹿誠次教授の下町に関するアンケート調査報告（『変動する都市』所収）によっても、そのことがはっきりと裏付けられる。すなわち、下町というとすぐ思い出す地名は、まず浅草・深川、そして神田・上野・向島・日本橋・下谷・本所・柴又・千住の順である。また下町というとすぐ思い浮かぶ区名は、深川のある江東区が第一位であり、ついで台東区・墨田区・江戸川区の順である。なお下町といえばどんなイメージを連想するかというアンケートには、人情、庶民的、ごみごみした町並み、江戸っ子、祭り、温かい人間関係、寅さんなどのイメージが多い。

では江戸時代には、深川は今日と同じように下町と考えられていたのであろうか。答えは否である。それでは明治期の深川はどうか。やはり否である。大正期に入っても、前記『深川区史』の記述から推測するに、まだのようである。結局、深川は下町であるという意識が人びとの間に定着するのは、昭和になってからのことではなかろうか。以下に、今日の常識とはかなり異なる深川非下町論を論証することにしよう。

もともと、下町とか山の手という地名は行政地名ではなく、通称・俗称の広域地名である。したがって、どこからどこまでというきちんとした線引きができるものでもなく、その時々のいわゆる社会通念にしたがっているまでのことである。それゆえ、下町と山の手の範囲は、広がったり移動したりして今日に至っている。

文政期に江戸幕府が編纂した『御府内備考』によれば、下町とは「御城下町と称せる略なるべし」とある。江戸城の膝元、つまり御城下《おしろした》の町だから下町と称したのではなかろうかというのである。したがって下町の範囲はかなり狭く、京橋・日本橋・神田の辺だけを指していた。『御府内備考』によれば、「日本橋川筋より北の方、神田堀内に属する」町々を、「此辺おしなべて下町と云」とある。

また幕末期の江戸のようすを記した菊池貴一郎著『江戸府内絵本風俗往来』にも、「市中の中央は日本橋とす。日本橋より数町四方、東は両国川、西は外濠、北は筋違橋・神田川、南は新橋の内を下町と唱え、それ以外を総べて場末といいたり。その内、麻布・赤坂・青山・四ッ谷・市ガ谷・小石川・駒込・本郷辺を山の手と唱えり」と述べている。

江戸時代の下町は、現在の中央区と千代田区の一部に相当する地域であり、一方、山の手は現在の港区・新宿区・文京区のそれぞれ一部に相当する地域であった。深川・本所も、下谷・浅草も、それに芝も、まだ下町ではなかった。当時、深川の人びとは、隅田川を渡って下町方面へ行くことを「江戸へ出る」といっていた。

このように限定されていた下町の範囲が、明治期になるとどう変化したか。明治二十七年刊の野崎左文著『日本名勝地誌』によれば、旧一五区のうち「京橋、日本橋、神田、下谷、浅草の五区は俗に下町と称し、市中最も殷賑を極むるの地にして、商店鱗次、百貨一として弁ぜざるなく」とある。旧の京橋区と日本橋区は現在の中央区、神田区は現在の千代田区のほぼ半分、下谷区と浅草区は現在の台東区である。この範囲が、明治二十年代に下町といわれていた地域である。江戸時代とくらべ、下谷・浅草地域が新たに加わった。あきらかに下町が拡大したのである。

しかし、今日の人びとが下町と考える墨田・葛飾・江戸川区はもちろんのこと、もっとも下町的イメージが強い江東区（深川）も、明治期にはまだ下町と称していない。それでは、大正期の深川はどうであったか。大正末に著された前述の『深川区史』下巻には、章・節・項の題名のなかに下町という語は一切登場せず、本文中にも深川を下町と規定するような箇所は見当らない。この本は、かなり意識して深川非下町論を展開している。つまり依然として、深川は下町に包摂されていなかったといえよう。

となると、深川のことを下町と称するようになったのは、昭和に入ってからということになろう。意外に深川下町論は歴史が浅いのである。しかし大正十二年の関東大震災以降、本来の下町である京橋・日本橋・神田地域は、多数の企業が進出して個人住宅より会社のビルが多くなり、また問屋など大商店の職住分離が進み、店はそのままで家族は郊外に移住することが盛んになり、昼間人口にくらべ夜間人口がこの地域では著しく減少するようになった。その結果、江戸時代以来培われてきた下町の人情といった温かい人間関係が失われ、むしろその中心は、下町の情緒を色濃く受け継いでいる浅草や深川に移ったのである。

戦後の東京のスプロール化現象は、日本橋など江戸時代以来の下町が、下町としての面目をいっそう喪失させ、下町の範囲は葛飾区からさらに江戸川区まで、東へ東へと拡延したのである。そして今や深川は、浅草と並んで下町の中心的な位置を占めている。

以上、深川が下町と称されるようになったのは、それほど古い昔ではないことを述べた。江戸時代の深川は、むしろ下町と一線を画することによって、深川の独自性を主張していたように思われる。

第三節　深川の市街地化

深川は隅田川河口のデルタ地帯であり、かつては海浜砂洲の葭や蘆の繁茂するところであった。天正年中に摂津国から下ってきた深川八郎右衛門なる者がここを開発し、慶長期にこの新開の地に深川村を起立したのに始まると伝えられる。以後、幕府によって埋立て工事が積極的に進められ、佐賀町付近に漁師町が、さらに富岡八幡前に門前町が形成された。

明暦三年（一六五七）の江戸大火後、大規模な都市計画によって深川地域の市街地化が急速に進み、隅田川以西にあった寺院が多数移転してきたり、武家の別邸がたくさんつくられたりした。隅田川両岸を結ぶ橋も、寛文元年（一六六一）に両国橋が、元禄六年（一六九三）に新大橋が、元禄十一年に永代橋が架けられ、深川の市街地化は一層進展した。

江戸の町触集である『正宝事録』の元禄十三年三月十九日の項に、「深川築地武家屋敷割地之外、町屋敷に被仰付候間、望之者は伊奈半左衛門殿・深津八郎右衛門殿御両人之御宅へ、向寄次第参候て様子承り、願書差出候様、町中不残可被触候」とある。町人にも造成地の払下げをするので、希望の者は願い出よとの町触である。

かくして正徳三年（一七一三）には、深川の市街化地域が江戸府内に編入され、それまでの代官支配から町奉行支配に管轄がかわった。こうした深川の歴史からも明らかなように、日本橋や神田などの下町にくらべ、ずっと町場化が遅れた新興の地であったから、江戸のなかにありながら江戸でないという、一種独特の深川気質が形成された。

深川といえば、すぐ木場を思い出すとおり、材木の貯蔵場があり、多くの材木商が活躍した。元禄期に造成地の払下げをした際、購入者のなかに紀伊国屋文左衛門、奈良屋茂左衛門、冬木屋喜平次ら、当時の材木豪商が名を連ねていたという（『深川区史』上巻八二頁）。冬木は今も町名に残っているが、紀伊国屋文左衛門（通称は紀文）も、奈良屋茂左衛門（通称は奈良茂）も、深川とは浅からぬ因縁があった。紀文の墓は深川の成等院（江東区三好一―六―一二）に、奈良茂の基は深川の雄松院（江東区白河一―一―八）にある。

また寺門静軒が、『江戸繁昌記』において「東北の諸州の船が、米・薪・魚・塩・魚油・木炭などを積んで舳艪相含んで皆この深川へ集ってくる。深川が繁昌発展するのも無理からぬ話だ」と述べているように、商業も活発で、材木以外の諸商品の倉庫も軒を並べていた。さらに海岸や河口に面して風光明媚であり、下町にくらべずっと自然美が豊かであったから、保養地として最適で豪商の別荘も多かった。

風光明媚といえば、永代橋からの眺望はまことに絶景であった。鹿島万兵衛著『江戸の夕栄』には、新年の永代橋からの景観が次のように描写されている。

南西佃島と鉄砲洲の間に碇泊せる数百艘の商船は、帆檣《はんしょう》林立いづれも帆柱と舳艫《じくろ》に飾りをなし、新年の航海安全を海神に祈るなるべく、当日は大川筋一体に往来の船も稀にして、川の上流新大橋の方は、さながら波幕を敷きたるごとく、広々と旭の影を写すなりき。夕景に至れば、西方富士の白峰夕日に輝き、また夕南の風と上げ汐を利用して白帆を孕《はら》ませたる船々の入り来る光景は、実に東都の美観といふべし。夜に入れば、佃沖漁船の篝《かがり》火《び》闇夜をてらす。四ツ手に入るはまだ子持とならぬ少女《おとめ》白魚、江戸名物の一にして、昔家康公御入国後、尾張の国より移植せられしもの、今は繁殖して江戸ッ子の舌鼓を打つ獲物なり。

右は新年の景観であるが、三月になれば品川沖の汐干狩の戻り船が上流にのぼって行く光景がいい。夏は橋上の涼み、秋は中秋の月見や二十六夜待ち、冬は雪中銀世界となり一段と美景で、四季折々、いずれもすばらしい眺めだと記している。こうした恵まれた自然美の中で、深川住民の美意識は磨かれていったのであろう。

第四節　保養地深川

深川には、下町の豪商らの別荘が近世後期にはいっそう多くなった。これら別荘が、どのような機能を果たしていたか。いま、江戸日本橋金吹町の両替商、播磨屋（中井）新右衛門の深川別邸の場合をみてみよう。以下、この関係の記述は国立史料館編『播磨屋中井家永代帳』による。

播磨屋は正徳四年（一七一四）に両替屋を開業後、大名貸などにより経営を順調に伸ばし、讃岐高松藩（松平家）、肥後熊本藩（細川家）、越前福井藩（松平家）、筑後久留米藩（有馬家）等々、主として西国・北陸大名の江戸藩邸の出入商人として御掛屋御用を勤めた。明和六年（一七六九）当時、播磨屋の所持屋敷は一九カ所にのぼり、家族は本人・母・妻・娘一人・悴二人の計六人、使用人は手代一九人・下男四人・下女八人の計三一人、さらに別家手代が六人という経営規模であった。播磨屋の所持屋敷一九カ所のうち、

一、深川永代寺門前馬場通南側、表間口拾間、裏行弐拾間（金九拾両）

一、同町同側、表間口五間、裏行弐拾間（金七拾両）

一、同所裏河岸、表間口拾四間、裏行拾間（金百五拾両）

一、同所、表間口拾間、裏行拾間（金七拾両）

の四カ所が深川にあった。四カ所といっても相互に隣接した屋敷で、一まとめになっていたと思われる。いずれも元文二年（一七三七）から同五年までの間に入手したものである。さらに安永三年（一七七四）には、次の二カ所を深川で入手している。

一、深川清住丁代地、東間口田舎間拾六間五尺七寸四分、裏幅同裏行町並南北拾八間五尺、川岸付屋敷、表に瓦葺三間半に拾弐間之長家、裏に三間に拾弐間之土蔵四棟有之蔵屋敷壱ケ所、代金三百五拾両

一、同所永堀町続海部大工町代地、南北四間九寸、東西拾七間壱ケ所、代金五拾両

播磨屋の記録の随所にみえる「深川抱屋敷」「深川座敷」「深川別荘」「深川土蔵」などが、右の六カ所の所持屋敷に該当する。

さて、この深川の屋敷の機能についてであるが、まず第一に、火災で金吹町の本宅が焼失した際、あるいは本宅の修改築などの際一時引越し場所となった。たとえば明和九年（一七七二）二月、目黒行人坂より出火し江戸中の大火となった際、播磨屋も類焼した。その際、一応深川に避難したと思われるが、すぐさま仮普請で家を再建し、数年間住んできたが、仮普請のため建物の各所の痛みがひどくなった。そこで安永八年（一七七九）に、「新規普請取掛り候。旦那始御家内様方、三月廿三日深川木場江御引越被成候。（中略）九月に至り御居間向台所は出来上り申候間、九月廿四日、弥《いよいよ》此方（金吹町）へ御引移り被成候」と、改築中の六カ月間、家族一同が深川に引越している。

第二に深川屋敷の土蔵は、本宅に収納しきれなくなった商品や古道具類・家財などの置場と考えられるが、宝暦六年（一七五六）四月六日の記録によれば、「古き帳面共相調《あいととのえ》、深川土蔵江仕廻《しまい》置候」とあり、古文書の収納場所にもなっていた。

第三の機能は、保養のためである。水と緑が豊かで風光明媚な深川の地は、気分をリラックスさせ、ストレス解消に、あるいは病気療養に最適であった。播磨屋の三代目の当主敬明は、とかく病弱であった。天明七年（一七八七）には「御保養之ため四月二日深川別荘江御逗留」に赴いている。ただし不幸にも四月二十日に容体が急変し、二五歳の若さで死去した。

第四に深川屋敷は、大名貸の取引関係にある藩の大名家族や家臣らに対する饗応の場として活用された。播磨屋では、金融関係の密接な藩に対し、「深川振舞」をしばしば行うことにより、取引の円滑化をはかっていた。深川屋敷の最大の機能は、あるいはこの点にあったのかも知れない。すなわち保養地に適している別荘地域であり、しかも水運を利用すれば江戸の中心部からそれほど遠くない自然美の豊かな土地であるゆえに、招待される方も、ゆったりと一日の饗応をうけるのを楽しみにしていたことであろう。

播磨屋の「深川振舞」は、永代寺門前の四カ所の屋敷購入を終了した元文五年の翌寛保元年（一七四一）から記録に現れる。以下、年次を追って列記してみよう。

寛保元年四月　九日　高松藩主母春光院、草花献上
同　年四月十七日　高松藩主娘友姫、草花献上
同　年五月十六日　福井藩家臣
同　年九月十三日　備前藩家臣三名、二汁五菜振舞
同　年十月　晦日　高松藩家臣十三名、一石橋より屋形船にて来る
宝暦四年三月　四日　熊本藩家臣四名
同　年三月十一日　熊本藩家臣四名
同　年九月廿一日　高松藩主の次男幸三郎、供者百名余、ちん犬献上、生鴨二番（代金一分二朱）・鳥籠二ツ（代銭一貫二百文）献上、供の侍へむし菓子廿二重・重肴二重・酒五升
宝暦五年三月十四日　熊本藩家臣（勘定奉行二名、書役二名）朝五ッ時より暮時まで、料理本膳二汁五菜
同　年四月十八日　高松藩主の次男幸三郎、びいどろ金魚入献上、供の侍へ酒・重の物
同　年九月十九日　相馬弾正少弼奥方休足

宝暦六年四月　一日　高松藩主の次男幸三郎、出雲寺絵本箱入真田紐付献上
　同　年四月十三日　高松藩家臣十八名ほか、船で来る、帰りは駕籠、料理二汁七菜、橘町の芸者三名接待
　同　年四月廿八日　高松藩家臣廿八名ほか供者約四十五名、戻り駕籠・料理・芸者など四月十三日に同じ
　同　年五月　十日　丸亀藩家臣十一名（家老・用人二名・勘定奉行二名・御納戸・大納戸・買物方二名・勘定方二名）ほか供の者廿人、帰りは屋根船三艘で送る。料理などは高松藩家臣の時と同じ
宝暦七年十月　十日　熊本藩家臣二名
明和二年五月十九日　丸亀藩家臣十七名ほか供侍九名・下分廿一名、舟にて来る、送り駕籠十丁（代五貫三百文）、芸者・陰間子供六名および付人四名接待（代金一両二分）
明和七年四月廿六日　高松藩家臣十名ほか供侍十名
安永二年七月廿八日　高松藩主の室清操院・同娘良姫、九ツ時より夜まで、青籠入交肴（大たい、すずき、たいらき、かれい、大鮑、あいなめ、車えび、しじみ）献上、酒（南都佐保川酒）五升入白木樽青縄巻献上
安永四年八月十九日　高松藩主、深川木場座敷へ、青籠入大交肴献上（青籠代銀七匁五分、交肴代銭八貫五百文）、扇子十五本献上（狩野守経画五本、狩野袁信画五本、高嵩谷画五本、画師三名へ謝礼金三分づつ、扇地紙・箱・居台共代金一両程）。側用人・小姓衆約二十名へ大提重一組・酒一樽、横目・徒士目付・内証方役人四名へ小重詰二組、供の侍へ酒・取肴・赤飯、足軽・中間へ赤飯（赤飯七斗程用意）

播磨屋の深川屋敷での振舞は、主に高松藩・熊本藩・丸亀藩関係であった。とくに高松藩との関係は親密であり、藩主自身を招待しているほか、藩主の母・室・娘・子息など家族をも招いている。藩主の次男幸三郎の場合は、

「深川座敷江為御延気と被為入候」とあり、「延気」すなわちのんびりと保養するためであった。たまたま飼っていたちん犬が気にいったというので、幸三郎に差し上げている。藩主の家族には、草花や鳥や金魚を献上しているが、当時、深川がいかにも郊外地的雰囲気に包まれていたことを象徴している。

各藩の諸役人を接待する場合は、深川屋敷で盛大に宴会をしている。わざわざ橋町から芸者を呼んだりもしている。藩邸から役人が深川へやって来る際、藩側の費用で屋形船を仕立て、帰路は播磨屋の負担で送り駕籠を出しており、その逆に船で送ることもあった。

深川は蚊帳をまくると直に舟

深川は水と切っても切れぬ関係にあった。客は行きか帰りか、どちらかを屋形船とか屋根船を利用しており、水郷深川へのレクリエーションは、その行程にも大いに楽しみがあった。客たちは大いに命の洗濯をしたことであろう。播磨屋の営業は、まさにこの宝暦・明和・安永・天明という田沼時代に、急速に伸長することができた。そして天明八年（一七七八）には、江戸豪商の十指に入り、幕府の勘定所御用達に登用された。

深川に別荘を所持していたのは、何も播磨屋新右衛門に限ったことではない。他の下町の豪商たちも、それぞれ自己の深川屋敷を有効に活用していた。火災などの際の一時退避所とか、商品・家財・古書類などの収納場として機能したことはいうまでもない。しかし何といっても、深川は空気がきれいで水と緑が豊かであるという地域的特色から、「延気」のための保養施設として、さらに招待饗応施設として、フルに活用された。

こうした深川の地域的特色は、いずれも水と深い関係にあり、水都と呼ぶにふさわしい色彩を有していた。その結果、江戸の中にありながら江戸でないという、一種独特の深川気質が形成された。とくに富岡八幡の門前にあった茶店が起源といわれる岡場所深川の繁栄は、「粋」で「いなせ」で「おきゃん」な辰巳芸者（深川芸者）をはぐくみ、洒落本・人情本など江戸後期の文化に、深川は大きな影響を与えた。

深川の文には二文添えてやり

この川柳の銭二文は、橋銭説と渡し舟銭説とがあるが、いずれにせよ下町からは隅田川を渡らなくては深川に行けない。だから深川では隅田川の西岸を、「江戸の方」（『春告鳥』巻之二）といった。

安永七年（一七七八）の『富岡八幡鐘』には、「たった一度でもいいから其処へ入れて寝かしておくんなせえ。後生だ。その代り江戸へ出た序に、とら屋の羊羹でも饅頭でも買って来て上げやす」という文句がある。深川の人は、深川を江戸（下町）から区別して、隅田川を渡って西へ行くことを「江戸へ出る」といっていたのである。前述の西村真次氏の言をかりれば、「深川を土地の人々自身が江戸から区別して、別個の世界があると思ってゐたことが知られる。深川民衆の誇りの一つは、深川が江戸から異なってゐるといふ自信の上に横はってゐた」のである。

隅田川といえば、『東都歳事記』の五月二十八日の項に、「両国橋の夕涼《ゆうすずみ》、今日（川開き）より始り、八月二十八日（川仕舞）に終る。ならびに茶屋・看せ物《み》、夜店の始《はじめ》にして、今夜より花火をともす。逐夜《まいよ》貴賤群集す」と記されている。

さすが両国の夕涼み、娯楽性がたっぷりと加味されていた。見世物や水茶屋の夜間営業、それに夜空を彩る両国の打ち上げ花火。しかも、隅田川をわたるさわやかな夜風・川風が暑気を吹き払ってくれる。

納涼のなかでも、最もぜいたくな夕涼みは、隅田川での船遊びである。夕方になると、船宿から屋形船や屋根船などがくり出された。屋形船は、大型の屋形を船上に設けたもので、江戸中期に江戸で一〇〇艘を超えたが、寛政改革のぜいたく禁止の影響で、享和三年（一八〇三）には三一艘に減った。一方、屋根船の方は小船に小さな屋形を載せたもので、日除け船とも呼ばれ、庶民的な船遊びの船として享和三年には六〇三艘にものぼった。こうした船々が、深川の地域性にさらなる特色を付与していた。

第四章　山の手の地域性
——本郷・小石川——

第一節　むらの町場化

むらとしての本郷・小石川

戦国時代の『小田原衆所領役帳』によれば、現在の東京都文京区に該当する地域の地名として、駒込・小日向・小石河・金曾木（金杉）・湯島などが記されている。このことから、中世の村落として、これらの地域で農民たちが一定の生産活動を行っていたことが知られる。しかし、戦国時代から江戸時代のごく初めのころまでは、まだこのあたりは人家のまれな寒村であった。

たとえば天正・慶長のころ（一五七三〜一六一五）、現在の湯島聖堂の付近は、一面に松が生い茂った松原であったという。北部の巣鴨原町付近は、天和三年（一六八三）に武家屋敷や町屋ができるまでは、人家のない草原であった。また、西部の春日町から白山に至る低地や、大曲《おおまがり》から江戸川橋のあたり、さらに小日向台地と関口台地の谷間の音羽町付近は、まだ沼地が多く、だんだん田畑が開かれてゆくといった状態であった。『南向茶話』という書にも、「天正（十八年・一五九〇）御入国の後、小日向辺（徳川家康）御成りの時、此辺皆沼地多し」とある。また、『新見随筆』にも、「其始めは赤城明神の辺より目白不動の山麓まで、ことごとく田野にて人家稀なり」と記されて

表1　正保・慶安期の村高と田畑の比率

村名	村高	内訳 田方	内訳 畑方
	石 斗 升 合 勺	石 斗 升 合 勺	石 斗 升 合 勺
小石川村	587. 5. 3. 0. 0	206. 6. 1. 0. 0	380. 9. 2. 0. 0
駒込村	402. 5. 3. 1. 1	177. 2. 5. 7. 1	225. 2. 7. 4. 0
関口村	31. 0. 4. 2. 6	19. 2. 9. 3. 6	11. 7. 4. 9. 0
小日向村	25. 3. 2. 7. 0	22. 2. 8. 7. 4	3. 3. 9. 6. 0
金杉村	3. 4. 2. 3. 0	3. 8. 0. 8	3. 0. 4. 2. 2
(計)	1,094. 8. 5. 3. 7	425. 8. 5. 8. 0	624. 3. 8. 1. 2
(百分比)	100%	40%	60%

『武蔵田園簿』により作成。数字は原史料のままのため，誤差あり。

表2　正保・慶安期の村の支配関係

村名	代官所領	寺領	旗本領
	石 斗 升 合 勺	石 斗 升 合	石
小石川村	—	539. 5. 3. 0	48
駒込村	153. 5. 2. 7. 1	249. 0. 0. 4	—
関口村	31. 0. 4. 2. 6	5.	—
小日向村	20. 3. 2. 7. 0	—	—
金杉村	3. 4. 2. 3. 0	—	—
(計)	208. 3. 1. 9. 7	793. 5. 3. 4	48
備考	野村彦太夫代官所 三町年寄代官所	伝通院領 天沢寺領 常光院領	木村善右衛門知行所

『武蔵田園簿』により作成。

いる。

江戸時代にはいって、正保期（一六四四～四八）に全国的な国郡図と諸城図の作製が幕府によって行われた。その際、『武蔵国絵図』が作製されたが、それに添えて慶安期（一六四八～五二）に『武蔵田園簿』という郷帳《ごうちょう》もつくられた。この武蔵国の絵図・郷帳によると、ほぼ現在の文京区に相当する地域に、駒込村・小石川村・小日向村・金杉村・関口村などの村落が存在していた。先述の『小田原衆所領役帳』にみえる地名を参照するならば、これらの村々は、江戸時代にはいって新しくつくられた村ではなく、中世以来の村であったことがわかる。

駒込・小石川・小日向・金杉・関口の五カ村は、いずれも武蔵国豊島郡に属し、若干は現在の豊島区・新宿区・北区などにまたがる部分もあるが、江戸時代の当区域は、ほぼこの五カ村によって占められていた。もっとも、南部の湯島・本郷付近は、江戸時代の初期にいちはやく町場化し、行政的にも村ではなくなっていた。

さて、前記の五カ村のようすを、もう少し立ち入ってみよう。表1は五カ村それぞれの村高、表2は領主支配の関係を示したものである。まず村高を表1でみると、小石川村と駒込村が圧倒的に大きく、関口村・小日向村・金杉村は小村であった。田と畑の比率は、五カ村平均で四対六であり、畑の方がやや多かったことがわかる。これらの村高を決定する土地丈量（検地）は、村側からの申告によるもの（差出し検地）と、実際に役人が丈量するもの（竿入れ検地）との両様があった。五カ村に対する竿入れ検地は、駒込村がいちばん古くて寛永一〇年（一六三三）、次いで小石川村が正保四年（一六四七）、小日向・関口・金杉の三カ村は寛文一二年（一六七二）であった。

支配関係

つぎに支配関係を表2でみる。正保・慶安期の当地域は、寺領が断然多くて全体の七五％を占め、代官支配の幕府直轄領（以下、幕領という）が二〇％、旗本領が残りのわずか五％であった。さらにくわしく支配関係を村別にみると、小石川村は、そのほとんどが元和九年（一六二三）以降、伝通院領であり、残る四八石の地が正保四年に旗本の木村善右衛門の知行所となった。なお元禄十五年（一七〇二）には、小石川村のうちの大塚が、大塚村として分村独立した。

駒込村は、正保・慶安期には天沢寺領が村高の半分ほどを占め、幕領が四割弱、残りが伝通院領であった。しかしやがて幕領のほとんどが寺領となり、駒込村の支配別の内訳は、麟祥院領（報恩山天沢寺が天沢山麟祥院と改称）が二九〇石余、伝通院領が一一六石余、幕領はほんのわずか（約四町歩）ということになった。なお駒込村は、のちに上駒込村と下駒込村の二村に分かれた。

関口村は、江戸初期には細田加右衛門・佐々与右衛門・縫山市左衛門という三名の旗本の知行所であったが、正保期までにそのほとんどが幕領となった。また、神田上水の課役を命ぜられた関係から、樽屋藤左衛門・奈良屋市左衛門・喜多村彦右衛門の三町年寄が代官となった。しかし寛文十二年（一六七二）に代官が交代して野村彦太夫となり、さらに元禄五年（一六九二）には、そのほとんどが牛込済松寺領となった。

小日向村と金杉村は、ともに江戸初期からずっと幕領であった。なお巣鴨村の一部分が、現在の文京区域にまたがっているが、ちなみに、この巣鴨村は天正十九年（一五九一）以来、増上寺領であった。

このように、近世前期の当地域の村々は、そのほとんどが寺領によって占められていたところに特色がある。幕領は、神田上水周域の小日向村・金杉村などに、わずかに存在していたにすぎなかった。

では、農民たちの年貢負担はどのくらいであったろうか。残念ながら、当地域にはこの種の近世史料がほとんど伝存していないので、その詳細を明らかにすることはできない。ただわずかに、松崎順庸が編纂した『小石川史料』所収の「小石川村年貢定納帳」によれば、慶安元年（一六四八）の小石川村伝通院領の年貢米は、一八四石九斗五升四合である。

　　慶安元年
　子歳小石川村年貢定納帳本帳之写
　　　小石川村
新高五百三十九石五斗三升四合　三ッ四分三厘上納
　此取石百八十四石九斗五升四合
右之通、穿鑿之上定納相究申候、以上

慶安元年
子十月廿一日　伊奈半十郎内　永田半兵衛
小石川伝通院内　納　所
代官　勘　兵　衛

小石川村のうちの伝通院領高五三九石余に対する税率は三四・三％であった。このほか『御府内備考』の伝通院前白壁町とか伝通院裏門前町などの項によれば、「前には、人足歩役相勤候処、元禄八亥年より右金納に相成、其外、御法事等の節は、町内家持ども罷出、御用相勤申候」とある。

すなわち、伝通院のために人足を出す夫役があったが、元禄八年（一六九五）からは金納となった。これは伝通院領の町方だけでなく、村方でも同じであったろう。農民は年貢を納めたそのうえに、何かと人夫に徴発されたのであり、その生活は決して楽ではなかった。

しかし当地域は、江戸市街と農村部とのちょうど接点に位置しており、やがて農民たちは近郊農村としてのこの特徴を生かして、大都市江戸の住民を対象とした野菜や植木をつくるなどして貨幣を獲得し、その生活を徐々に向上させていったものと思われる。

草分け百姓

江戸時代の名主には、村内でも「草分け百姓」などと呼ばれる由緒格式のある古い家柄の農民が選ばれることが多かった。

駒込村の今井五郎兵衛家は、『新編武蔵風土記稿』によれば、文明年間（一四六九～八七）のころから当地に住む草分け百姓と伝えられている。また、高木五平治家の先祖高木将監も、慶長年間ごろに当地へ移住し村の開発に努めたという。植木職の伊藤伊兵衛家もやはり草分け百姓のひとりであった。また内海甚右衛門家の先祖も、『御府内備考』によれば、はやく元亀年中（一五七〇～七三）に駒込村に移住し、江戸時代の初めには内海五郎兵衛と称する百姓であったという。

事実、駒込天祖《てんそ》神社の境内に現存する慶安元年の庚申塔の碑銘に、前記の高木将監と内海五郎兵衛の名がみえ、そのほか内海作右衛門・内海左近丞・内海権右衛門・高木勘三郎・沼野弥次右衛門・伊藤宗兵衛の名が刻まれている。いずれも、このあたりに代々居住した旧家であり、特に内海・高木・今井氏らは、代々駒込村の名主をつとめている。また小石川村の名主をつとめた高橋安右衛門家や秋本茂吉郎家も、その地に早くから居住した郷士的な草分け百姓であった。

なお、代々駒込村の名主役をつとめた高木家の屋敷が現存している。現存する約五〇坪の母屋は享保二年（一七一七）の再建と伝えられ、大正十四年（一九二五）に補修が加えられている。玄関には式台という低い板敷があり、江戸時代の一般の農民や町人の家には許されなかった家構えである。また高木家には、母屋よりやや古い宝永年間（一七〇四～一一）の建立といわれる表門（薬医門）も現存しており、名主屋敷のおもかげをとどめるものとして、都区内ではたいへん珍しい貴重な遺構である。

「むら」から「まち」へ

すでに述べたように、当地域でもっともはやく町場化したのは、湯島・本郷のあたりであった。湯島・本郷付近は、『御府内備考』によれば、もと武州豊島郡峡田《はけた》領のうちの本郷村・湯島郷・芝崎村などと呼ばれていた地域であるが、戦国時代末から江戸時代初頭にかけて、いちはやく町場化している。このほか町場化がはやかったのは、伝通院門前の白壁町と六尺町であり、また岩槻街道筋にあたる地域である。

しかし、江戸時代の初めごろの当地域の大半は、駒込村・小石川村・関口村・小日向村・金杉村などの村々によって占められ、まだまだ「まち」というより「むら」であった。ところが、江戸時代のなかごろに至ると、これらの村々のうち駒込村の北部を除いては、あとは大方が「むら」というよりは「まち」としての機能と様相を持つようになった。行政的にも、元禄から正徳期にかけて、おそくも延享二年（一七四五）までには、その大部分が江戸の町奉行の支配下に属した。

当地域の村々は、大都会江戸の町並に続く村である。江戸の拡大発展とともに、江戸中期ごろまでに大方は市街地化し、「むら」から「まち」へと変貌をとげたのである。事実、元禄の国絵図には、駒込村と小石川村だけが村と記されており、他の三カ村は小日向町・金杉水道町・関口水道町というように町となっている。元禄よりも約半世紀前に作製された正保の国絵図とは、大いに様相を異にしており、この間に当地域の都市化が進んだことを示している。

表3　小石川村のうち伝通院領高の推移

年代	石高			
	石	斗	升	合
慶安元年	539.	5.	3.	4
元禄14年	140.	8.	5.	4
享保元年	133.	0.	4.	9
文政年中	121.	3.	2.	9

「むら」から「まち」へ、すなわち村高が急速に減少していくようすを、表3の小石川村伝通院領の場合を例にとってみてみよう。小石川村伝通院領の慶安ごろの石高は五三九石余であり（小石川村にはこのほか四八石の旗本領があった）、小石川村はまだ大部分が田畑の江戸近郊農村であった。ところが、その後元禄までのわずか五〇年間に、約四〇〇石の田畑が次々につぶされ、武家屋敷地や寺社地、そして音羽町などの町地となったのである。小石川村伝通院領の全体の四分の三に相当する田畑が宅地化したのであるから、小石川村は、もはや「むら」としての機能も景観も微々たるものとなった。このように、元禄期を境として、小石川村は「むら」から「まち」へと、大きな変容をとげたのである。

また駒込村の場合も、江戸の町続きである南部は、岩槻街道沿いの駒込追分町・浅嘉町などを中心にはやくから町場化し、村高から除かれていた。しかし、『武蔵国御改革組合限石高家数村名録』によれば、天保年間（一八三〇～四四）の上駒込村の村高は一一八石九斗八升三合、家数は九四軒、下駒込村の村高は二九〇石二斗九升六合、家数は一二三軒と記されており、幕末まで大部分は「むら」として存在していた。近世の当地域に関係のある村のなかで、最後まで江戸近郊農村としての機能と様相を保ったのは、駒込村だけだったといえよう。

第二節　山の手商業の特色

本郷・小石川の商工業

それでは、近世における文京地区内の商工業は、どのような地位を占めていたであろうか。貞享四年（一六八七）に刊行された『江戸鹿子』に、当時の江戸における商工業の分布状態を、おおよそ知ることのできる記事が載っている。しかし、そこから近世の文京地区関係のものをぬき書きすれば、わずかにつぎの三つの業種についてだけである。

〔植木屋〕　駒込染井
〔糀　屋〕　湯嶋明神前・湯嶋天神前
〔肴　屋〕　本郷

さらに、やや時代の下った元禄十年（一六九七）刊の『日本国花万葉記』によって、同じく当該地区の商工業の特色をさぐってみると、左記のとおり、やはりわずかにみられるだけである。

〔糀　屋〕　湯嶋明神前　湯嶋天神前　〔膏薬屋〕　藤丸高室見林湯嶋天神前

〔肴　棚〕　本郷
〔籠素麺〕　湯嶋天神前
〔土器《かわらけ》物土物〕　湯嶋天神前
〔笛篳篥《ひちりき》同尺八〕　笛師清左衛門本郷
〔茶入袋師〕　以貞本郷五丁目
〔美清香〕　柏屋神田天神前
〔目　薬〕　益田隠居本郷

杉本見竜湯嶋天神前
〔疲癖瘡薬〕　梅や孫兵衛湯嶋天神下
〔塗師蒔絵師〕　清水九兵衛本郷
〔揚弓師弁矢〕　深谷勘左衛門神田天神前
深谷久左衛門神田天神前
〔植木屋〕　藤原安仲神田天神前
染井駒込　湯嶋

このほか、菊岡沾涼が享保二〇年（一七三五）に著わした『続江戸砂子』によれば、本郷竹町に竹・丸太屋の多いこと、および駒込浅嘉町には土物店といって野菜類をとりあつかう商人の多いことが記されている。したがって、近世前期の当地区の商工業の特色としては、湯島に糀（麹）屋や植木屋、本郷に肴屋や竹・丸太屋、駒込に土物屋や植木屋が多く集まって、江戸にその名を知られており、また名高い職人や薬屋が、湯島や本郷辺に何人かいたという程度であったことがわかる。

そして湯島・本郷といった、ごく南部の地域を除けば、米屋・呉服屋・塩屋・酒屋といった日常生活に欠くことのできぬ商品をあつかう商人が集居しているような、商業上の特徴的な「まち」をみいだすことはできない。江戸市場全体のしくみのなかで、当地域の商業のはたす役割は、すくなくとも近世前期においては、まことに微々たるものであった。すなわち、まだ近世前期には、かなりの土地が畑地であり、百姓が散居する江戸近郊農村的色彩が濃厚であった。

しかしそうしたなかでも、当地域での特色ある産業としてもっとも注目されるのは、駒込・湯島の植木屋と、駒込浅嘉町の土物店である。これら植木や野菜類は、まさしく都市近郊農村的特徴をもった産物であり、当該商品の江戸市場全体に占める位置も、かなり高かったであろう。

ことに、元和年中（一六一五〜二三）に成立したといわれる駒込浅嘉町の土物・青物市は、やがて神田および千住の両市場とともに大場所と称され、幕府の御用市場となった。そして近世後期には、中央の神田市場を動揺させるほどの大きな青物市場として発展したのである。

もちろん、このほかの商品をあつかう商業も、近世中期以降、当地区内の「むら」が「まち」化してゆく過程で、しだいに活溌なものとなっていった。武家屋敷が多くなればなるほど、それを目当てに付近に住む商人や職人も増してきた。有名な寺社ができれば、おのずとそこに門前町が形成され、人口も増大し、おまけに他の地域からの参詣人も群集するというわけで、商業活動はさかんとなった。

そしてこのように人口が増大し、商人の力全体が高まってくるなかから、当地域にも江戸の一流商人と呼ばれるような富商が、数多く現れるようになった。

ことに近世後期に入り、江戸地廻り経済が展開してくると、当地区の商業は、江戸の中心市街部と周辺農村とのあいだの商品流通の結節点の役割をになうようになり、江戸市場全体のなかで、少なからぬ比重を占めるにいたるのである。

商業地理的特色

近世における文京地区の商業地理的特色の第一は、いわば街道商業ともいうべきものである。

前項で引用した『江戸鹿子』などによっても気づくように、当地区の商業は、はじめ主として東南部の中山道筋に展開した。そのことは、前述の『日本国花万葉記』におけるつぎの記事によって、いっそうはっきりと理解できよう。

江府外町之分
〔筋違橋通〕南ハ筋違橋より 北ハ本郷森川宿迄
湯嶋六丁　本郷六丁
△（此町筋）諸職売物入組

つまり、日本橋を中心とする江戸商業センターに、当地区としてはもっとも近い東南部に、はやくから「諸職売物入組」——すなわち多種の商人・職人が集まった。ことに湯島は、陸運の面では中山道が日本橋方面から当地区に入るその入口に位し、舟運のうえでも、隅田川から神田川を遡行すれば、すぐ湯島の河岸揚げ場があって、まことに便利な土地柄であった。

この湯島を当地区の起点として、北西の本郷・駒込、そして板橋宿へと中山道が貫いているが、その街道筋、ことに南部の湯島・本郷ははやくから商業がさかんであった。のちに北西部方向へと商業活動が拡大していったが、けっきょく、湯島・本郷そして駒込は、その圧倒的な商業地理的優位性から、当地区における商業センターとしての地位を、幕末期まで他にゆずらなかった。商品輸送に便利な街道筋にあり、しかも周辺に、得意先としての有力な武家屋敷が多くあったということが、その地域に住む商人たちの強味であった。

このほか、商業の展開と関係した街道としては、春日町から小石川仲町・表町・御箪笥町・大塚町を経て上板橋へと、川越道中に結ぶ道があった。

商業地理的特色の第二は、いわば、片町（かたまち）商業ともいうべきものである。

江戸という都市は、ほんらい、一般の城下町のように単一の町が同心円状に、しだいに膨張してできあがったものではなく、町人町が武家屋敷の片町として各地に散在し、その一つ一つが核になって大きな町に発展してゆくという形をとった。

ことに、武家屋敷を多くもっていた近世の文京地区は、このような片町が数多くみられた。それゆえ、えり片町・切通片町・駒込片町・指谷南片町等々、町名そのものに片町のつく町が多い。『御府内備考』の湯島六丁目の項に、えり片町の町名由来をつぎのように述べているが、俗説とはいえ、武家屋敷の片町としての性格をよく物語っていよう。

　町内南の方、片側町をゑり片町と唱申候、右は向側、定御火消御役屋敷与力衆、一円致二住居一候ニ付、里俗に与力片町と唱来候処、いつとなく略語に相成、ゑり片町と唱来申候。

つまり与力衆の武家屋敷の片側の町だから、元来はよりき片町と発音していたが、転訛してえり片町となったというのである。こうした片町における商業は、もちろん、すぐ片側に立ちならぶ武家屋敷を上得意とし、さらには、同じ片町に住む職人などの住民をも相手とするものであった。

つぎに第三の特色は、いわゆる門前町商業である。いうまでもなく、近世の文京地区は寺社の多かったことにも、その大きな特徴がみられた。そのほとんどが江戸時代の創建であり、そのうちの約三割は、明暦の大火後に江戸の中心部から当地域に転入した寺である。幕末期の当区の寺院数は一三四カ寺もあり、これを宗派別にみると、浄土宗四八、曹洞宗二二、浄土真宗一八、日蓮宗一六、臨済宗一三、真言宗九、天台宗八であった。なかでも、徳川家康の生母於大《おだい》の方の菩提寺の伝通院（浄土宗）と、五代将軍綱吉が創建した護国寺（真言宗）は有名である。神社も、綱吉以後の歴代将軍の尊崇厚かった根津神社や白山神社、さらに庶民の信仰を集めた湯島天神・牛天神（金杉天神）・氷川神社などが有名で、大勢の参詣人でにぎわった。

参詣の人々でにぎわう寺社の門前には、はやくから町屋が形成されたが、当区内には、江戸中期までに約三〇カ所の門前町屋ができた。そしてそこには、岡場所という歓楽街が生じた。根津・本郷丸山・音羽・白山・湯島などが江戸で知られた岡場所であり、遊客の往来でにぎわった。

最後に第四の特色は、もっとも山の手らしい特色の、農村商業である。何といっても近世前期の文京地区は、近郊農村的色彩が濃厚であった。それゆえ、散在する百姓に細々ながら日常雑貨を売る「むら」の商人が、あちこちにいたことであろう。また百姓たちも野菜などの生産物を市に売りに来て、その金で日常必需品を買って帰るといった情景もみられたであろう。初期の駒込の青物市は、まさにそうした百姓たちにささえられた市場であったと考えられる。

こうした農村的な商業は、区内の町場化がすすむなかで、しだいに町場の商人たちにとってかわられた。しかし、近世のおわりまで町場化しなかった北部の地域には、江戸地廻り経済の展開の波にのって、都市の特権商人とは性格を異にする在方商人として、活躍する者がでてきたであろう点はみのがせない。

以上、当地区内に展開した商業の特色を、街道商業・片町商業・門前町商業・農村商業の大きく四つに分類したが、ある地域の商業の特色が、これらのうちの一つだけに限られたわけではなく、二つとか三つの特色を兼ね合わせている場合の方が多かったことはいうまでもない。

では、近世における文京地区の商業が、具体的にはどのように発達していったであろうか。

山の手商業の諸相

すでに指摘したことであるが、もう一度近世前期の文京地区における産業の特色と、そこに展開した商業活動のすがたをまとめてみると表4のようになる。同一地域に同業の商人が、比較的多く集まっている特色のある場所をあげたのであるが、なかには、たんなる言い伝えも含んでいるので、正確なことはわからない。しかしこれによって、おおよその傾向を知ることができよう。すなわち近世前期の商業は、やはり人口の密度と交通の便利からいって、湯島・本郷・駒込という中山道筋に発達した。

表4　近世前期の商業分布

地名	業種
湯島天神前	植木屋・糀屋
湯島明神前	糀屋
本郷一町目	貝店
本郷三町目	肴店
本郷四町目	附木店
本郷竹町	竹・丸太屋
駒込肴町	肴店
駒込浅嘉町	土物・青物市
駒込染井	植木屋
小石川金杉水道町	肴店

『江戸鹿子』『日本国花万葉記』『続江戸砂子』『御府内備考』などにより作成。

湯島の糀（麹）は、江戸でも麹町や芝狸穴・増上寺裏切通のそれと並んで、はやくから有名であった。享保二〇年（一七三五）刊の『続江戸砂子』にも、「本郷・湯島より、江府の酒みそ麹多く出る」と記しており、『昌平志』や『参考落穂集』といった書物にも、元禄のはじめ聖堂を湯島に移すに当って、その敷地には麹室《むろ》の跡が多数あったことを述べている。

さらに近世後期の『文政町方書上』によれば、この地区の麹屋は百数十軒も数えられ、江戸時代のみならず、近代に至るまで当地区の特色ある産業として継承された。

本郷の肴店も、非常に有名であった。貞享四年（一六八七）刊の『江戸鹿子』には、江戸における魚屋の町として、この本郷のほか大舟町・小田原町・新小田原町・本材木町・鈴木町・新右衛門町・八官町・大伝馬町二丁目・久保町・芝一丁目・同二丁目・同三丁目・糀町三丁目・同四丁目・浅草駒形・牛込・平松町・上野黒門前の町々を挙げている。

このように元禄以前は、江戸の所々に魚商人が集まって、そこに毎朝、小規模ながら魚市がたっていた。これは、魚類の問屋組織がまだ十分にできていない段階のすがたであり、産地から魚類を生産者自身や行商人風のものが、直接これらの魚市に運んできて売買していたものであろう。

本郷一丁目に蜊《あさり》店横町と里俗に呼ばれた所があったが、『御府内備考』によれば、「古来、貝類商人共、毎朝此処に出入致候に付、右様申候」とある。おそらく肴店の性格も同様であったと思われ、近世前期の本郷には、魚介類の商人がかなり活躍していたわけである。

しかしやがて、幕府への納魚御用をつとめる小田原町の魚商を中心として、いわゆる日本橋の魚河岸が形成され、江戸の魚類流通組織が整備されると、その他の多くの魚市はこれに吸収され、衰退せざるをえなくなった。本郷の肴店も、近世後期を迎えるころには、ほとんどみるかげもなかったようである。はんたいに魚河岸の発展はめざましく、享保期には問屋三四七名に達し、いろいろな特権をもって、江戸市中の魚屋をその支配下にくみこんでいった。なお、駒込肴町と小石川金杉町の肴店は、本郷にくらべてずっと小規模のもので、かなりはやく衰えたらしく、確かなことはわからない。

前述のように湯島と駒込の植木屋も、はやくから江戸の人々の関心をあつめていた。近郊農村的な面の多い近世の当地区においては、植木栽培の余地はいくらでもあったのであり、まことに恰好の産業であった。

本郷竹町には、竹・丸太屋が多かった。『御府内備考』の同町の項に、「元禄の末の頃、竹木商人多分御座候」とあり、また享保の『続江戸砂子』にも、「本郷竹町・竹・丸太屋多し」と記している。そのころの当地区には、駒込の千駄木御林に代表されるように、雑木林や竹林があちこちに散在していた。したがって、かれらは百姓が伐った竹や丸太を買取って、周辺の武士や町人、あるいは江戸の中心市場に売捌いていたものと想像される。

そうしたなかから、本郷竹町の竹屋弥兵衛のように、寛永ごろから竹商売を手広に行い、相当な資産をたくわえる者も現れた。かれの家が文政三年（一八二〇）に落ちぶれて店じまいしたという事実は、当地区が町場化してゆくにつれて、竹林・雑木林が減少していったことと、あるいは関係しているかも知れぬ。

小石川の岡鳥問屋

享保十年（一七二五）正月、鳥の売買に関する、つぎのような町触が出された。

在々所々御留場ニ而、致盗鳥者有之、江戸表江差出、猥ニ致商売候に付、今度水鳥問屋六人・岡鳥問屋八人、別紙之通相極、其外ハ仲買を始、脇店小売之者共迄、一切鳥商売停止候間、急度可相守候。

すなわち、江戸周辺の所々に設けてある禁猟場で、かくれて鳥をとり、江戸市中に売る者がいる。そこで統制のため、今年から水鳥問屋六人、岡鳥問屋八人を指定し、この一四人以外は、たとえいままで仲買・小売の鳥商売をしていた者でも、今後は一切鳥の売買を禁ずるというのである。

ここに定められた問屋一四人のうち、水鳥問屋には当地区の当該者は一人もいないが、岡鳥問屋八人の名を列記すると、つぎのごとくである。

下富坂町	家持	利右衛門
同　町	家持	三郎兵衛
同　町	七郎右衛門店	半九郎
同　町	六郎兵衛店	佐兵衛
同　町	家持	清兵衛
上富坂町	久右衛門店	又七
小石川仲町	家持	十右衛門
浅草八軒町	半右衛門店	源右衛門

八人のうち、なんと七人までが小石川の富坂町辺に集中している。ここはまさに、江戸における岡鳥の独占的な販売センターであった。もっとも富坂町といえば、江戸時代のはじめに鷹の餌である小鳥をとる餌差衆が屋敷を拝領したところで、町家となってからは餌差町と呼ばれ、元禄のころ富坂町というようになった。ここに、餌差衆の屋敷があったことと、岡鳥問屋が集居していたこととは、大いに関係があろう。

第三節　本郷もかねやすまでは江戸のうち

上方商人の本郷進出

『塵塚談』という書に、「上方筋の豪富なる者は、皆諸国に出店を置事《おく》なり、江戸は過半、彼等が出店多し」とあるように、元禄以後の江戸商業市場は、上方商人の出店によって、その大半を占められていた。伊勢や近江や京都に本拠を構え、江戸に店を持ついわゆる「江戸店持の上方商人」が、江戸商業の中枢を占めるようになった。

今日の三越の前身である越後屋（三井氏）は、寛永四年（一六二七）に伊勢より江戸に出て、またたく間に大豪商となった。また白木屋（大村氏）は近江出身で、寛文二年（一六六二）江戸に進出し、大財をなした。かれらは、いずれも本町など日本橋界隈の商業センターに店をもち、呉服販売を中心にして、元禄から享保期にはますます店を拡張していった。

日本橋の本町四丁目の呉服商伊豆蔵屋吉右衛門も、京都に本拠をかまえた上方商人であるが、江戸店を拡張するため、本町店のほか、享保十年には本郷三丁目に支店をもうけた（『御府内備考』）。

元禄十年刊の『日本国花万葉記』に、「呉服安売」の有名店として、越後屋（駿河町）、富山屋（本町）、いゑき（本町）、伊豆蔵屋（本町）の四軒の名がみえ、伊豆蔵屋は、はやくから江戸に知られた商人であった。

おそらく、この伊豆蔵屋の本郷進出は、このあたりの人口増加と、購買力の向上とを見込んでのものであろう。本郷の商業的地位も、このころにはこうした江戸一流の商人をうけ入れられるまでに、成長していたのである。

なお、本郷三丁目の伊豆蔵屋のあった場所は、それまで里俗に肴店とよばれていたところであったが、かれの店ができてからは、やがてその横町を伊豆蔵屋横町というようになった。『塵塚談』によれば、ここには魚商人が多く集まっていたが、伊豆蔵屋の店舗増築のため、立退きを要求された。魚商人らは、長年にわたって築きあげた生活の本拠をうばわれることになるので、これに反対した。そこで町奉行が仲裁に入り、伊豆蔵屋は間口六～七尺の店舗をこしらえ、これを魚売場として貸すことで和解が成立した。魚商人らは不便をしのんで、この狭い魚売場に通うことになった。しかしこの魚市は次第に衰えて、やがてはことごとく伊豆蔵屋の住居になってしまったという。そして肴店という地名は忘れられ、いつしか伊豆蔵屋横丁というようになった。

伊豆蔵屋は、本町店・本郷店ともに幕末まで営業しており、天保八年（一七三七）には七〇〇両、嘉永七年（一八五四）には四〇〇両の御用金を幕府に上納している。

また、本郷一丁目の大和屋善左衛門は伊勢商人であり、おそらく近世前期か、中期のごくはじめに、伊勢から当地に出店をもったのであろう。かれは十組問屋仲間のメンバーとして、紙問屋と鰹節・塩干肴問屋を兼業しており、本人は伊勢にいて、江戸店の経営は支配人にまかせていた。この大和屋善左衛門もまた、天保八年には金一〇〇〇両、嘉永七年には五〇〇両の御用金を幕府に上納している。

薬屋のまち

呉服商伊豆蔵屋が、本郷に支店をだしたと同じころ、「本郷もかねやすまでは江戸のうち」という川柳で有名なかねやすも、本郷三丁目の東角に店をひらいた。

『御府内備考』の本郷三丁目の項によれば、口中医師の兼康《かねやす》祐悦という者が、享保年中（一七一六～三五）に当所で、乳香散という歯みがきを売りはじめたとあり、この店は、すこぶる繁昌して、「兼康横町」という地名さえ生じた。

なお、前記の有名な川柳「本郷もかねやすまでは江戸のうち」は、江戸の下町の中心街から、かねやすの店がある本郷三丁目にかけては、町並が両側にずっと続く都市的景観を呈しているが、本郷四丁目あたりから以北になると、広大な加賀藩邸をはじめとする武家屋敷が続き、両側町並という景観は途絶えてぐっと淋しくなり、しかも近郊農村的雰囲気が出はじめるという、景観の変化を詠んだものと思われる。よく本郷三丁目までが朱引内で、江戸の内であるとして、この川柳の意味を解釈する説を耳にするが、朱引内はもっと広範囲に及んでおり、この説は誤りといえよう。

かねやすでは、店先で歯みがきの効能の口上を大声で述べながら売っており、それも人気の一つであったようだ。

　呉服屋に待つ間かねやす聞いている

この川柳は本郷三丁目にあった有名な二軒の店を読みこんだものである。呉服屋とは、いうまでもなく先述の伊豆蔵屋のことであり、呉服の仕立てを待っている間、かねやすの歯みがき売りの口上を聞いている光景が浮かんでこよう。

『守貞漫稿』という書に、江戸・大坂・京都などの歯みがき屋は、みな小間物屋をも兼業していると記しているので、おそらくこのかねやすも、歯みがきだけでなく、小間物を売っていたことであろう。かねやすは、そののちも長く繁栄して、明治のなかごろ市区改正によって同町の西角に移転し、和洋化粧品業として今日に及んでいる。なお、『わすれのこり』に、「芝露月町に兼康祐玄という薬種歯ぐすり香具等を販く見せあり、其看板、黒塗に白うるしにして、仮名文字にて、かねやすゆうけんと書しは、赤穂の義士堀部安兵衛の筆なり」とあるが、この芝の兼康祐玄と、本郷の兼康祐悦とは、大いに関係があろう。

また本郷四丁目には、正徳元年（一七一一）に、笹屋新五郎なる者が移住してきて、光明膏という目薬を売りひろめ、江戸でなかなかの人気をあつめた。この笹屋も幕末まで栄え、天保八年（一八三七）には金一〇〇〇両の御用金を幕府に上納している。

すでに引用した『日本国花万葉記』の記事にもあるように、本郷・湯島辺には、はやく元禄のころに、美清香の柏屋、目薬の益田隠居、膏薬屋の高室見林・杉本見竜、疲癬瘡薬の梅屋孫兵衛など、江戸で有名な薬屋がいた。笹屋新五郎にしても、かねやすにしても、そうした本郷の特色を承知して、移住してきたものであろう。

現在でも、東大附属病院を中心にして、湯島・本郷は、薬商・医療器具商の特色ある町として栄えているが、その伝統は、はやく江戸時代前期に発しているのである。

第四節　豪商のくらし

狩谷棭斎の財力

湯島一丁目は、元禄十六年（一七〇三）十一月の大火後、町屋を各所に移して明地となったが、宝永七年（一七一〇）、ふたたび町屋をたてることを許された。米穀商の津軽屋三右衛門は、このとき神田須田町からここに移転してきた。

『文政町方書上』によれば、津軽屋の先祖の出生地は三河国（愛知県）刈谷であり、狩谷氏といった。寛永年中（一六二四～四三）に江戸神田須田町に移住し、四代そこに住したが、正徳元年（一七一一）五月、湯島一丁目にて地面を買い、「其節より、居付家持ニ而、津軽越中様江年来御出入仕、蔵元相勤」める、という家柄であった。

もちろん、津軽屋という屋号は、津軽藩の蔵元になってからのものであろう。かれは江戸における脇店八カ所米屋の湯島組に属し、地廻り米穀問屋も兼ね、さらには津軽藩の江戸払米を一手に引請ける蔵元をつとめるなど、江戸米穀市場に大きな発言権を有していた。

当時の江戸における米穀流通組織をみると、幕府の払米は用達商人を通じ、また旗本・御家人米は蔵前の札差を通じて、江戸市中に流通したが、藩米や商人米については、おおよそ図1のごとくであった。

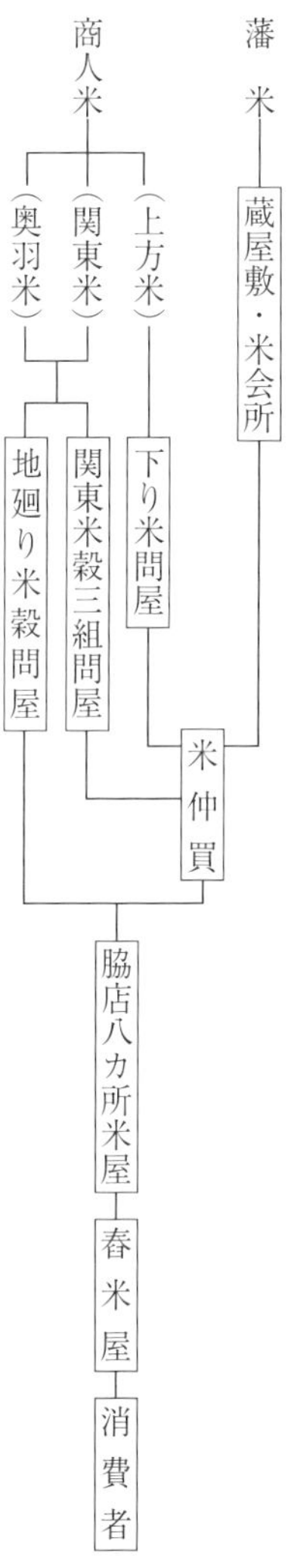

図 1

これによっても、津軽藩蔵屋敷の蔵元・地廻り米穀問屋・脇店八カ所米屋を兼ねる津軽屋三右衛門の、活躍ぶりがうかがえよう。さらに寛政年中（一七八九～一八〇〇）に、下り米問屋の欠員を補充するため、町奉行が人選をすすめた際、津軽屋はその有力な候補にさえなっている。その時の『書上』に、

神田明神前　津軽屋三右衛門

此者儀、脇店米屋の内に罷在候て、諸御屋敷様方御納米引請手広く仕候

とあり、津軽藩だけでなく、多くの武家屋敷と関係していたことがわかる。

また、江戸金吹町の両替商播磨屋新右衛門の『勘定帳』（国文学研究資料館〈アーカイブズ系〉所蔵）によると、明和六年（一七六九）に幕府の公金を、播磨屋新右衛門・大橋忠七・土生猪之太郎・四方久兵衛・富山五郎兵衛そしてこの津軽屋三右衛門の計六名が、一人金五〇〇両あて預かり、以後年々一割の利子を幕府に納めている。このように津軽屋は、幕府の信用も絶大であり、押しも押されもしない江戸一流の豪商であった。津軽屋の金融界における活躍については、のちに述べよう。

かれは、延享元年（一七四四）に二〇〇〇石の買米を請負ったほか、文化四年（一八〇七）に一〇〇〇両、嘉永七年（一八五四）には五〇〇両の御用金を、幕府から命ぜられている。なお、天保以後の当主名は三右衛門ではな

く、三平であった。ちなみに、享和・文化・文政期の津軽屋の当主は、考証学者として数々の名著をのこした狩谷棭斎（一七七五～一八三五）である。かれは津軽屋の親戚から聟入りして当主となった。棭斎は学問をきわめるために、参考とすべき多数の書物（一説に二万巻に及ぶという）や古器物を買いあつめたが、それには、米穀商津軽屋三右衛門としての莫大な財力が、ものをいっていたことを指摘しておきたい。足代弘訓は、川喜田遠里にあてた手紙のなかで、「書物には少しも吝嗇無、能々大金を出し候て索出し候珍書を、誰にも〱借し与え候一事は、さすがに学者と、世に称誉仕候」と、狩谷棭斎を賞讃している。

大名貸

津軽屋はすでにのべたように、津軽藩の江戸の蔵元であった。国元から江戸に廻送してくる藩米を、一手にかれはとりさばいていたのである。藩の財政が窮乏してくれば、おのずとそこに、貸借関係が累積された。蔵元であるかれは、藩の蔵米を抵当におさえて、何かと藩に金を調達していたのである。

津軽藩の財政史料によれば、文政・天保ごろの藩の借金高は九万両余にものぼるが、その内訳は表5のとおりであった。この史料は「午八月」とだけあり年代不詳であるが、おそらく文政五年（一八二二）か天保五年（一八三四）のどちらかと推定される。

幕府からの借金がなかばを占めているが、津軽屋三右衛門や鳥羽屋清次郎といった商人からの借金も、全体の四分の一を占め、ばかにならぬ額であった。津軽屋からの借金一万四一〇〇両については、つぎのような説明が記されている。

津軽屋三右衛門ゟ別段繰出金共、壱万七千百両之内、御返済ニ相成候分差引、残本文之通、
利足弐拾両壱歩并弐拾五両壱歩ニ而、千四百六拾九両程

これによれば津軽屋からの借金は、はじめ一万七一〇〇両であったが、そのうち三〇〇〇両はすでに返済されていたことがわかる。なお、残元金の一万四一〇〇両に対する利息は、年間一四六九両とあるから、平均一割強であった。

表5　近世後期における津軽藩の借金高

貸主	借金元高	この利息（一年に付）	元利合計	百分比
	金　両	金　両　分	金　両　分	%
幕府	36, 761	2, 149.　2	38, 865.　2	42. 3
寺社（名目金）	4, 500	437.　2	4, 937.　2	5. 3
商人	22, 100	2, 219	24, 319	26. 5
内　津軽屋	14, 100	1, 469	15, 569	17. 0
内　鳥羽屋	8, 000	750	8, 750	9. 5
その他	23, 000	700	23, 700	25. 9
総計	86, 316	5, 506	91, 822	100. 0

国文学研究資料館〈アーカイブズ系〉所蔵『津軽家文書』より作成。

津軽藩の借金九万両のうち、津軽屋個人からの借金がその一七％も占めているという点からして、かれは津軽藩にとって、非常に大切な商人であったことが理解できよう。天明の打ちこわしの時、津軽侯が多数の足軽を津軽屋にさしつかわして、打ちこわしを防がせたのも、むべなるかなである。

つぎに小日向三軒町の両替・質商伊勢屋長兵衛の場合は、川越藩への大名貸であった。川越藩の有力な御用達町人横田五郎兵衛家の文書（国文学研究資料館〈アーカイブズ系〉所蔵）に、つぎの史料がみえる。

入置申一札之事

一、江戸小日向三軒町伊勢屋長兵衛方ゟ、渡辺吉兵衛口入ニ而、郷蔵米差紙九千九百俵差入、是迄金三千八百両、各借主ニ相立、証文を以、借用致置候処相違無之候（中略）

天保十二丑年正月

丸　山　愛　作（印）

（以下、川越藩老臣八名略）

神　木　忠次郎　殿

横　田　五郎兵衛　殿

（以下、川越藩御用達一〇名略）

すなわち伊勢屋長兵衛は、伊勢屋→川越藩御用達一二名→川越藩という形で、三八〇〇両を藩に貸付けている。抵当は、藩の郷蔵米九九〇〇俵であった。

小日向三軒町といえば、川越道中への道筋に面したところである。伊勢屋と川越藩との因縁も、そんなことが大いに関係していたことであろう。なおかれは、嘉永七年（一八五四）には、一三〇〇両という地区内では最高の御用金を幕府に上納している。

高崎屋長右衛門のくらし

近世後期に入り、江戸の地廻り経済が展開してくると、近郊農村の生活も向上し、その商品需要もたかまった。そして江戸市中の商品が、商人の手を経てどしどし近郊農村に流れるようになった。農村部と都市部との結節点にあたっていた近世の文京地区には、そうした近郊農村市場に商品を供給することによって、成長していった商人も多かった。

駒込追分町の酒商高崎屋長右衛門が、大きな財をなしたのは、もちろん、「現金安売」の商法によって、近辺の武士や町人に多数の得意先を獲得したからにちがいない。

しかし同時に、北部にひろがる農村地帯や、板橋・川口などの宿場町にその販路をひろげていたからでもあろう。かれの居所である駒込追分町は、そうした意味では、まことに恰好の場所であった。すなわち駒込追分町は、その名のごとく中山道と岩槻（日光御成）街道との分岐点にあり、町場から村方への漸進地帯の主要拠点でもあった。

つまり商業上、江戸の中心部と以北農村との両方に、にらみのきく場所であり、この地に開業した高崎屋の才覚をうかがうことができる。

事実、板橋宿の旅宿であった伊勢屋孫兵衛家文書（飯塚文次郎氏所蔵）には、高崎屋から油・味醂などを買った史料が数多くみうけられる。年代は「戌十月七日」とあるだけで不詳であるが、つぎに引用する代金請取状もその一つである。

覚

一　三歩ト壱匁五分　松鶴片馬

一　五百文　　　味林弐升　内弐分入

差引〆金壱分六百六十四文　右之通、慥請取申候

戌十月十七日

高崎屋長右衛門（印）

伊勢屋様

高崎屋も酒店を開いたばかりには、まだ微々たる店であったが、すくなくとも寛政から化政期にかけての当主が傑出しており、この人の代に非常に大きくなった。小網町に支店を出したのもこのころである。かれはなかなかの風流人でもあったらしく、牛長と号した。またその子の、天保ごろから文久元年までの当主も二世牛長を号して、多くの文人と交際している。

こうして、寛政から天保期にかけて急速に伸長し、両替商をも兼業した。文久十年（一八一三）には御用金を一〇〇両、つづいて天保八年（一八三七）には一〇〇〇両、嘉永七年（一八五四）には一〇〇〇両、それぞれ幕府に上納するほどの資産家となった。

なお、天保ごろの高崎屋の全景を描いた立派な一幅の掛軸がある（現在は文京ふるさと歴史館所蔵）。これは、当時の名高い絵師長谷川雪旦が構図をえがき、その子長谷川雪堤が彩色をほどこしたもので、まことに見事な絵であ

る。

これによって、高崎屋の構えの壮大さは、へたな大名屋敷をしのぐものであったことがわかる。いくつも並んだ大きな酒倉、それにつづいて家人の住む立派な屋敷、広大な庭にはみごとな木々と築山があり、築山の上にはこった茶室、大きな池には舟が浮ぶ、といったありさまである。また、にぎわう店先には、馬の背や大八車にのせて酒樽を運び出す様子がよくえがかれている。なお、酒樽に記された銘から、当時どのような銘柄の酒が出廻っていたかがわかるので、参考までにぬき書きしておこう。

しら玉　　剣菱　　敷島　　新川
月の友　　白雪　　江戸一　泉山
泉川　　正宗　　嶋台　　老松

この絵の成立は、天保十三年（一八四二）であり、絵の下にその時の当主二世牛長の趣旨文が、藐庵法橋完先の書で記されている。すなわち、これによれば、天保改革の華美禁止令にあって、建物のうち豪華な部分をとりこわしたが、そのとりこわす以前の姿を、この絵におさめたことがわかる。以下にその趣旨文を、引用しておこう。

吾か家祖の代に竈を興し微〻たる酒店なりしか、亡父牛長若年の頃より家業に刮苦《かつく》し、昼夜精神を労し、日に増し繁栄して、酒庫の数を殖し、安泰に暮せしは、是ひとへに御国恩且信心の利益と、いと有難く尊き事ならすや。近年小網町に子店をひらき、駒込の老店は未熟なる吾らに委任せられ、不自由も厭はれす大業を発し、年ならすして一廉の店に再営せられける心労をおもひ、己も父の教を守り、本宅の守りかた昼夜おこたらす心力を尽し産業を勉強し、父の丹精を空しくせん事を恐怖す、唯年〻父の齢のかたふくを歎し、責て隠宅の代りにも成、聊元気のやしなひになれかしと、隠栖の代りに広座しきを経営して、園中に仮山水を造り、老をやしなふの一助とす。しかるに天保丑（十二年）の年御改革新政の命令下りて、万事質素倹約を第一に守るへき世のなかと成しは、恐おほくもありかたき御盛徳と惶《かしこ》み奉り、市中不相応花美僣上の家作の分御取潰しありし、其以前、測らすしてこころつき、座しき造り庭ともに破却して、もっはら御趣意を堅固に守り、質素節倹にこころを用ゐくらしける故に、居宅の図を写し、子々孫々まで斯如なるを観て奢侈驕慢を慎ましめ、祖先の功業の朽さらん事をしらしめんの微意也。

天保十三年壬寅弥生

二世　牛　長　謹識

豪商の遺言状と経営法

このほか二世牛長の文久元年（一八六一）十月の遺言状がある。江戸時代商人の遺言状で、現存のものはごくまれである。非常に貴重な史料なので、長文をいとわず引用しよう。

なおこの遺言状は、二世牛長の肖像画の裏面に貼ってあるが、本来は、別々の状態にあったものであろう。引用史料中、各条のうえに（）をもって番号を付したのは、説明の便宜上からであって、もちろん原文にはない。

文久元酉年十月上旬

遺言状認置之事

我等事、如何成宿病ニ有之候哉。六拾歳四月頃ゟ口中江災出来、既二ヶ年越、命終難斗事及二度ニ、併御全利益ニ而、是迄存命罷在候得共、何ヲ申茂長病之事、殊更六拾二歳ニ茂罷成、身躰殊之外疲、高祖御妙判ニ茂、老タルモワカキモサタメナキナラヒナレハ、先臨終ノコトヲナラヒテ他事ヲナラフヘシトノ金言、万一之事有之候節心得迄之事、左ニ申遣し候。

(1)一　及命終而候節、葬式之儀者、決外見相餝不申、極質素倹約相心得可申事。

(2)一　葬式被参候人々江者、笹折詰壱匁五分上り位之事ニ取斗、其外寺内ニ而赤飯等十分ニ取斗、此一廉丈之儀者施ニ茂可相成候様致度事ニ御座候。

(3)一　立働候者行届候様取斗遣、其外備物致し候出入之者幷家主且懇意筋之者、配物之代り金弐百疋宛遣し可申事。

(4)一　一周忌ゟ三回忌迄之間ニ、兼而心掛置施主ニ相立候者江者、上下長丈拵可遣、且轡脇江立候者江者、羽織袴拵可遣、家主幷出入之者江、羽織長丈拵可遣事。

(5)一　備物之儀者、譬懇意筋ニ而茂、壱軒前銀三匁ニ限可申旨、前以急度相断置可申事。

(6)一　店内幷通勤右江準シ可申、余分之備物、決而可為無用事。

(7)一　家督之儀者、当春惣領江相譲安心致候事。

(8)一　中店之儀者、次男長次郎江相譲安心致候事。是者追而長左衛門与改名為致、中店江廿日、本店江十日、本店ゟ日勤同様ニ同店江為相勤、駒込住宅ニ付、支配人付可申事。

右長左衛門幷妻子下女給分等入用之儀者、壱ケ年金百両宛中店ゟ差出、相賄可申事。

(9)一　中店格別勘定宜候節者、本店江積金致、兎角本店為永続之ニ相成候様、心掛可申事。

(10)一　遺物訳ケ候代り一周忌三回忌迄引延置、其節店内共江金五両宛、同家内江金弐両宛、通勤之者江者金千疋宛、同家内江金壱両宛、是者我等着類之代り一周忌之砌、配分遣可申事。

(11)一　食物之儀者、例位之取斗ニ而宜、都而無益之儀無之様、御経文者沢山上ケ度事ニ御座候。

(12)一　葬式之砌、玄昌江五条七条共、紋白着用為致、導師為相勤可申事。其外副勤として宗林寺・幸龍寺・法恩寺・延命院・長命寺・松葉谷相頼可申事。是者寺内限り之儀、門外江外見相餝候儀者、曽而無之、信心一方之事ニ御座候。

(13) 一　火葬之儀者、別火家ニ而致度事ニ御座候。

(14) 一　供廻り始心付儀者、先方相欲候様、施ニ茂可相成様、取斗遣度事ニ御座候。

(15) 一　都而右入用筋、一式者兼而丹精致置候積金ゟ不残差出、見勢之金銭、一切遣不申候様、取斗可申事。

別廉内々心得之事

(16) 一　積金之内、弐百両宛たね・団吉・理吉江可遣。尤正金ニ而遣候儀ニ者無之、兄手元積金帳江預り置、年六分之利足為小遣足シト可遣事。

(17) 一　右同金之内、百両宛忠右衛門・かね両人江可遣。尤正金ニ而遣候儀ニ者無之、本店主手元積金帳江預り置、年六分之利足可遣候事。

(18) 一　弥蔵事、時宜相考、たね江女合、手堅酒屋跡ニ而小売酒見勢差出可遣事。

(19) 一　慶蔵事、勤功茂有之候事ニ者候得共、溜り金更ニ無之、是者当今不心得与申もの、乍去無事年功茂有之候事ニ付、可然慥成株式ニ而茂心掛相求、永続之備為致可申事。尤兼ゝ御蔵前ゟ金五百両恵有之候得者、右之外当店ゟ金弐百両用立遣是者恩借之事故毎年心掛、右株上り金之内ゟ返納為致可申事。且当用貸金之儀者、時宜ニ寄り勘弁致消帳致、可遣事。

(20) 一　忠蔵儀、無程支配役可申付。右支配役無滞相済候ハヽ、炭店・蝋燭店江格別ニ力ヲ入、右店厚繁昌致様、倶ゝ心付遣可申事。

(21) 一　中店民蔵事、若年限ニ至り兼候共、時宜ニ寄、出見勢差出遣し候心得支度ニ而、民蔵跡支配人、儀蔵江可

申付候事。其跡役無事忠勤ニ有之候ハヽ、梅蔵江可申付候事。

(22)一　南店、是迄仕来之通、取締厳重ニ候得者、可為安心事。

(23)一　千住宗右衛門、兼者、厚頼一札茂有之候事。殊ニ当主幼年ニ付、右者別段義ヲ以、身上取締方厚心付遣可申事。

（牛長自筆）「右者、誠ニ荒増、忰共心得迄之事、極太儀中、前条代筆秀蔵江申付、自筆ニ而末文認置申候」

（文久元年）酉十月　牛長章脚

まず、文久元年（一八六一）現在六二歳にもなり、三年ごしの口内炎で余命いくばくもないと思うので息子たちの心得として遺言するとあり、前半は主として、葬式の仕方、葬式参列者への配り物、香典供物の制限、かたみわけ、火葬、法事のこと等々、死後の行事に関することを詳細に述べている。

ことに(2)・(3)条の配り物、(5)条の供物制限、(10)条のかたみわけについては、それぞれ金額を具体的に指示しており、また(15)条では、これら葬式・法事などに要する費用は、前々からそのために用意しておいた金で一切をまかない、決して営業資金をつかってはならないと厳命しているなど、いかにも用意周到、堅実な商人道を示している。

さらにこの遺言状からは、江戸時代の商業経営法の一端をうかがうことができる。高崎屋には、「本店」と、支店である「中店」「南店」とがあった。本店とはもちろん駒込追分町の店をいう。文久元年の春に、惣領が家督をついで当主となっている（(7)条）。支店である中店と南店がどこにあったかはっきりしないが、幕末期の『諸問屋名前帳』（国会図書館所蔵）に、地廻り酒問屋として「小網町三丁目高崎屋長右衛門」とあるので、この小網町店がそのどちらかに該当しよう。このほか、炭店・蝋燭店というのがあったようである（(20)条）。

ともかく中店は次男にゆずられ、高崎屋長左衛門を名乗っている。ただし中店には移り住まず、駒込の本店に住み、一カ月のうち二十日間は本店勤務、十日間は本店から中店へ通勤し、中店には支配人をおいて大方はそれにまかせている(8)条)。そして長左衛門家の一カ年の家計一〇〇両を、年々中店の益金でまかなうのは当然としても、中店が大きな利益をあげたときは、できるだけ本店に積金をするようにしているのが注目される(9)条)。

すなわち、中店は完全な独立採算制をとっておらず、たえず本店＝惣領＝長右衛門家を中心にしている経営方針がうかがえよう。そのことは、長右衛門の弟妹や同居の親類たちへの遺産分配金の処理の仕方についてもいえる。それらの分配金は、すぐ現金でわたさず、長右衛門の『手元積金帳』に預かり、年六分の利息を小遣いの足しとして与える合理的な方法である(16)・(17)条)。できるだけ商業経営資金を多くしておくという、商人としての配慮がそこによく示されていよう。

また番頭のなかで、本店や支店の支配人を滞りなくつとめた者や、勤勉で年頃もよく主人の娘と結婚した者などは、のれん分けをしてもらう例が多かった(18)・(20)条)。

第五節　庶民のくらし、武家のくらし

本郷・小石川の人口

江戸時代の文京区域の人口が、どのくらいであったか、確かな数字はわからない。しかし明治五年の統計によれば、旧本郷区が三万二三七四人、旧小石川区が二万六八二三人で、合計五万九一九七人である。したがって、幕末期の当区域の町方人口も、およそこれに近いものであったと考えられる。これに武家人口を加えれば、およそ一〇万前後の人口を擁していたと推計される。

さて、同じ町方人口といっても、そのなかには地主（家持）もいれば、家守《やもり》（家主・大家）もいれば、地借・店

借人など、さまざまな階層がいた。そこで『文政町方書上』により、文京区内に関係する湯島・根津・本郷・駒込・音羽の各地域の居住戸数と、そのうちの店借人の占める比率とを算出してみると、表6のごとくである。

これによれば、戸数は本郷が圧倒的に多く、次いで湯島である。この統計では小石川地域などの戸数が不明であるが、一戸あたり四～五人として推計すると、やはり文政期においても文京区域の町方人口は、ほぼ五～六万人とみてよいであろう。

区内で店借人の多い地域、すなわち店借比率の高いところは、表6によれば駒込地域で七三・六%を占め、ついで根津の七〇・六%である。四軒のうち三軒近くは店借人という比率であり、江戸という社会は少数の地主・家持階層に対し、店借人が圧倒的に多かったのである。

表6　文政期の店借比率（文京区域）

地　域　名	居住戸数	内店借戸数	店借比率
	戸	戸	%
湯　島	2,461	1,658	67.4
根　津	442	312	70.6
本　郷	4,072	2,718	66.7
駒　込	1,562	1,149	73.6
音　羽	913	599	65.6

庶民のくらし

そこで次に、当区域における彼ら店借層の住居の実態と、店賃についてみてみよう。八七頁に例示した図は、文政年間における根津門前町の一画の貸店で、家持は同町の長兵衛なる者である。表間口一五間、裏行二〇間、合計三〇〇坪の敷地に二七戸の貸店が建っている。

まず全景を概観すると、根津門前町往還に面した二階家の表貸店が七戸あり（うち一戸は土蔵付き）、入居者はおそらくここで商売をしていたと思われる。

真中の幅一間のせまい露地をはいると、中央に間口九尺×奥行三間の裏長屋が八戸並んでいる。いわゆる典型的な「ハモニカ長屋」である。図の左側にも同規模のものが五戸（うち一戸は間口二間×奥行二間）、右側には間口七

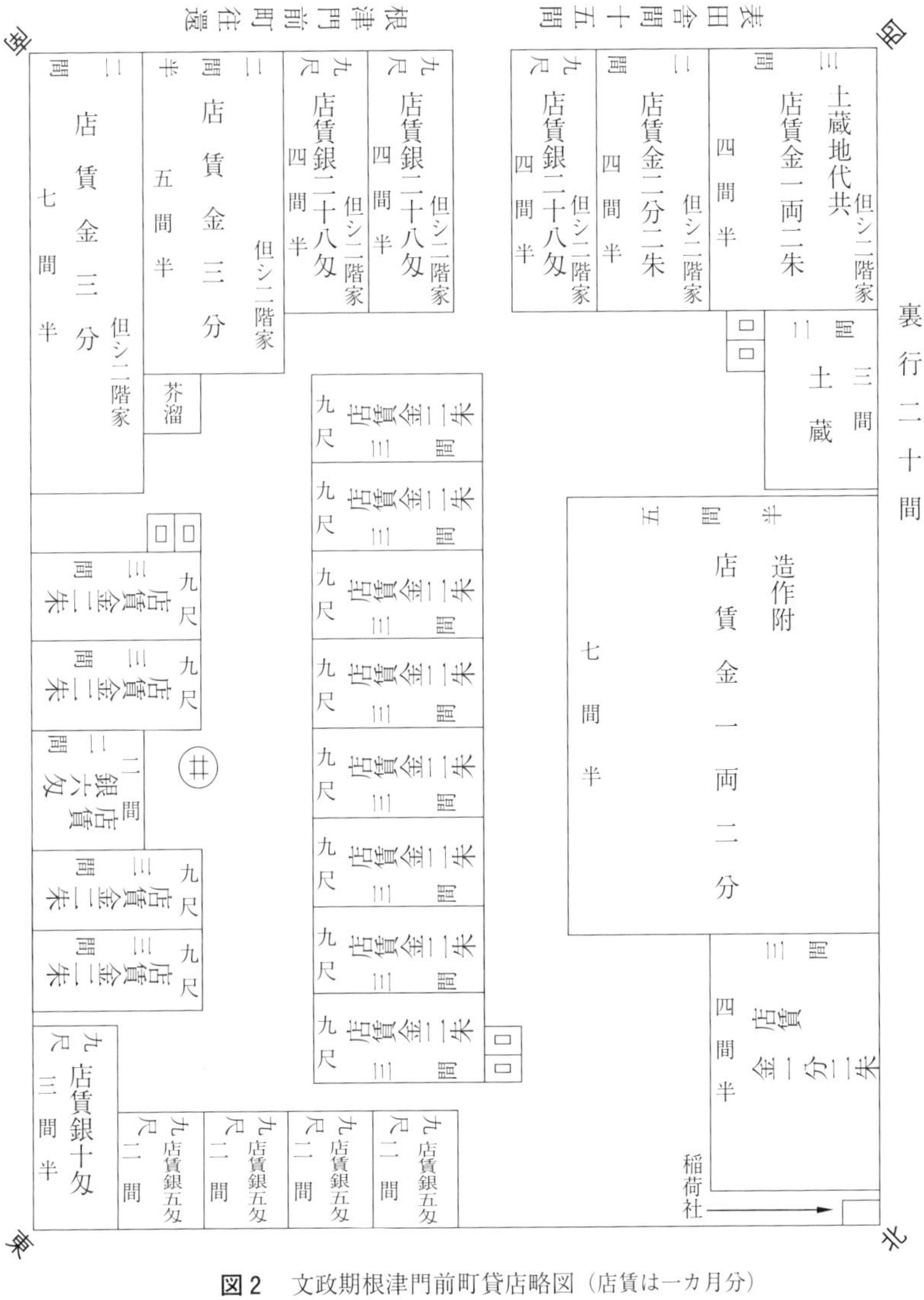

図2　文政期根津門前町貸店略図（店賃は一カ月分）

間半×奥行五間半の大きな貸店と、四間半×三間の中規模の貸店が各一戸ずつ並んでいる。同じ裏店借でも、右側二軒の店借人は、左側の住人とは、階層をかなり異にしていると考えてよかろう。

一番奥の突き当たりには、間口九尺×奥行二間の小さな貸店が四戸（ほかに九尺×三間半が一戸）建っている。いわゆる「九尺二間の裏長屋」と称されるものだ。ここでの最低生活者が住んでいたといえよう。

この敷地の共同の井戸は一カ所、⊞印がそれである。芥溜も一カ所、さらに回は共同便所であるが、二つずつ三カ所にある。また北側の隅に小さな稲荷社がある。「江戸名物、伊勢屋稲荷に犬の糞」といわれたごとく、江戸庶民の稲荷信仰はなかなかさかんであった。

店賃はもちろん表店が高く、表店のなかの最高は三間×四間半の二階家（二間×三間の土蔵付き）で一カ月金一両二朱、最低は九尺×四間半の二階家で一カ月銀二八匁である。裏店は、九尺×三間（四・五坪）が一カ月金二朱（金一両＝銀六〇匁で換算すれば銀七・五匁）、九尺×二間（三坪）が一カ月銀五匁である。

ともあれ、この図を詳細に検討すれば、そこで毎日の生活をしている人々が、おのずと浮かびあがってこよう。店賃銀五匁や七・五匁の裏長屋に居住している者は、おそらく小職人か棒手振《ぼうてふ》りの類いであり、店賃からして、同じ店借人とはいえ、表店借人あるいは図の下方の大きな貸店入居者とは経済的に明確な差のあったことがわかる。一つしかない共同井戸は、かみさん連中の格好の井戸端会議場になったに相違ない。入り組んだ露地は、陰湿なドブ板小路であったかもしれぬがその上を元気に走り回る長屋の子供たちの姿がほうふつとして眼前に浮かぶ。『文政町方書上』によれば、根津門前町は「町内惣家数弐百八拾九軒、家持九軒、家守拾四軒、地借三拾六軒、店借弐百三拾軒」で、総居住戸数に対する店借の比率は七九・六パーセントと高く、同じ根津地域のなかでもとくに店借層の集住していた町である。したがって、根津門前町には、こうした景観をもつ貸店がほかにも何カ所か存在していたことが推測される。

武家のくらし

江戸時代の当地域の大半は、武家地によって占められていた。当地域の町場化の進展は、この広大な武家地によってさえぎられたため、他の地域にくらべていささか鈍かったのであるが、それがかえって幸いとなり、近代にはいって、広大な武家屋敷の跡地が大学などの教育機関の敷地に転用され、まさに文教地区としての特色を鮮明にしてくれたのである。

区内にあった大名屋敷としては、加賀前田家の上屋敷と水戸徳川家の上屋敷が、何といってもその代表にあげられよう。また、これら大名屋敷の庭園としては、後楽園《こうらくえん》（水戸徳川家の上屋敷内）と六義園《りくぎえん》（甲府、のち大和郡山《こおりやま》柳沢家の下屋敷内）が著名であり、今日まで保存されている。

では、これら江戸藩邸に住む大名たちは、どんなくらしをしていたのであろうか。大和郡山藩主の柳沢信鴻《のぶとき》（柳沢吉保《よしやす》の孫）は、安永二年（一七七三）に隠居して駒込の下屋敷（現在の六義園）に移り住んだが、幸い彼は、ここでの隠居生活ぶりを『宴遊日記』と題して、一日も筆を休めることなく、克明に書き残してくれている。

この日記から、読書・俳諧《はいかい》など学問・文学に対する信鴻の強い熱情や、寺社参詣・芝居見物・園遊・物見などの行動文化に対する積極的な参加をはじめ、天候・草木・食物等々にも幅広い関心を寄せるという、彼の多彩で豊かな生活ぶりをうかがうことができる。たとえば、湯島天神・雑司ヶ谷鬼子母神《きしぼじん》・護国寺・根津権現・浅草観音などへの参詣や、開帳・燈籠《とうろう》見物などの盛り場見物、花見・菊見・摘草などの近郊閑歩、江戸三座の芝居見物等々、実によく彼は外出している。

いま、『宴遊日記』によって、安永八年二月十八日の柳沢信鴻の行動を具体的に追ってみよう。この日は快晴と記されている。正午ごろ六人の家臣を供にして屋敷を出立、駒込のお富士さん前から御鷹匠町を通り、まず根津権現の開帳参詣、境内の枝垂れ桜はおりしも満開で参詣の人々で賑わう。ついで善光寺坂より上野山内にはいる。山内のお大師さんもたいへんな人込み。車坂より下り、ここから浅草までの道中は大群集。浅草観音を拝し、奥山を見物、堺屋という茶屋で休む。この間に、お供の者に柳屋の楊枝や白髪元結・びいどろかんざし・飴などのみやげものを買い求めさせる。

帰りがけに、保科《ほしな》侯の隠居に遇然出逢い、風神門まで歩きながら話し、太神宮にて別れる。それより竹町に出て植木を見物、作り松が気に入る。上野広小路の藤屋に例のごとく寄ってそばをたべる。午後四時過ぎにそこを出てまた植木見物、先刻買おうとした松はすでに売れたとみえてない。桜を買う。女坂をのぼり地蔵天神に参詣、本郷通りを経て暮れ前に帰邸した。

柳沢信鴻は隠居の身とはいえ、何といっても一五万石の元お大名である。単身の外出ではない。つねに数名から一〇名前後のお供を連れての外出である。奥方や子供たちが同行するときは、総勢二〇人ぐらいであった。信鴻はもちろん全行程を徒歩、奥方は駕籠《かご》である。そばやうどんが好物であったらしく、外出の際には、しばしば上野広小路の藤屋とか湯島の伊勢屋に寄ってたべている。植木もよく購入し、自邸の庭園（六義園）に植えて楽しんでいた。

以上のような隠居大名の生活ぶりは、先に述べた庶民のくらしとは、だいぶ趣を異にしている。ただし、寺社参詣や花見など、当時の庶民が大いに楽しんでいたようすをうかがうことができよう。

当地域には、中・下級武士の屋敷も多かった。先年行われた駒込千駄木の鷹匠同心屋敷跡の発掘調査によれば、茶碗・鉢・徳利などの陶磁器類、素焼きの焙烙《ほうろく》・灯明皿などの日常什器《じゅうき》、子供の素朴な玩具などが多数出土し、下級武士の質素なくらしぶりをうかがうことができる（文京区教育委員会『動坂遺跡』）。

第六節　青物と植木

働く村のひとびと

『新編武蔵風土記稿』の豊島郡総説の項によれば、

土性は真土・野土錯て水田多し、百姓五穀の外にも菜蔬を樹へ、或は芸園を開き、花木を養て鬻ぐものあり、平常の農人に至りても、自ら府下を学びて浮靡の風俗あり、

と記しており、同じく豊島郡駒込村の項には、

此辺は薄土なれば、樹木に宜く、穀物に宜からず、ただ、茄子土地に宜を以、世にも駒込茄子と称す、又、庭樹及盆栽等の草木を作りて、産業とするもの多し、

とある。これによって、近世の文京地区におけるむらの産業の一応の趨勢をうかがうことができよう。

すなわち、第一は駒込茄子《なす》に代表されるような野菜栽培であり、第二は庭木や盆栽などの花木栽培である。いずれも都市近郊農村の産業の特色を示すものである。ましてや、江戸という大都会を間近かにひかえたこの地域の村々の農民は、競ってこうした商品生産に励んでいたことであろう。したがって、貨幣経済の波にはやくからまきこまれたかれらは、当時の一般の農村における百姓たちにくらべ、その生活程度もかなり高かったものと思われる。「富農でない一般の百姓たちでも、この附近は江戸の風俗になじんで、華美である」と、当時の支配者の目にうつったのも、そうしたかれらの、現金収入を得る生産活動が背景にあったからである。

もっとも、江戸近郊のかれらは大いに働いたようである。下野国（栃木県）黒羽藩の天明九年（一七八九）正月の触には、領内農民の生産活動を励ますため、江戸近在の農民たちの働きぶりを、つぎのように引用している（内

閣文庫所蔵『黒羽政要』）。

間近く、江戸近在抔の様子を見聞候ニ、正月三ヶ日の内ニも、こやしを取運び、薪をかつぎ、油菜を日々持参、渡世いとなみ怠りなく相見へ候事、顕然の儀ニ候、

ある程度の米や雑穀の生産も行い、そのうえに、野菜や植木草花の栽培をするとあっては、その忙しさはおそらく盆も正月もなかったであろう。江戸近郊農村としての駒込村その他の村びとたちの、毎日の生活ぶりが目に浮ぶようである。

駒込の青物市

近世後期の江戸周辺における野菜の産出状況を、『新編武蔵風土記稿』の記述によってみると表7のごとくである。

だいたい武蔵国のなかでも、江戸に近い村々は、多かれ少なかれ江戸で消費される野菜類の供給地となっていた。近世における文京地区においても、駒込辺は茄子《なす》の名産地であった。葛西あたりで産する小さなわせ茄子と違って、駒込茄子は大ぶりであったが、味は非常によかったようであり、江戸住民に大いに賞味されていた。もちろん、この周辺の村で生産されたのは茄子ばかりではない。いろいろな野菜がつくられていた。これらの商品野菜は、当時駒込の土物店と呼ばれた青物市場を通じて、江戸市中に売りさばかれたのである。

土物とは、厳密にいえば大根・ごぼう・いもなどであり、いわゆる葉物（青物）とは区別されよう。しかし当時すでに、野菜類の総称としての青物という語が使用されているので、以下、駒込の青物市と呼ぶことにする。

駒込浅嘉町・高林寺門前・天栄寺門前の三カ町にまたがる駒込青物市の起源は、古く元和年中（一六一五〜一二三）であると伝えられる。もちろん当初は、組織だったものではなく、自然発生的なものであった。近村の農民が野菜

表7　『新編武蔵風土記稿』にみえる野菜の産地

豊島郡	蘿《だい》　蔔《こん》	郡内練馬辺多く産す，いずれも上品なり，其内練馬村内の産を尤上品とす，さればこの辺より産する物を概して練馬大根と呼，人々賞味せり。
	茄　子	駒込辺より産する物味美なり，其内形殊に大にして，他品に異なるあり，夫等を駒込土物店といへる市場に持出て鬻げり，されば駒込茄子と称して賞味せり。
	蕃　椒	四ツ谷内藤新宿及其辺の村々にて作る，世に内藤蕃椒と呼べり。
	茗《みょう》　荷《が》	早稲田村・中里村等にて多く産するもの上品なり。
葛飾郡	菘《な》	東葛西領小松川辺の産を佳品とす，世に小松菘と称せり。
	茄　子	東西葛西領中にて作るもの他の産に比すれば最早し，よりて形は小なれども，わせなすと呼び賞味す。
	葱	西葛西領砂村辺にて作るもの岩附の産に亜げり，市井にて砂村葱と呼ぶ、又此辺多く西瓜冬瓜を種殖す，江戸に鬻ぐもの十分の七は此辺の産なりと云。
新座郡	大根，牛房，蕪根，芋	4種最も多く味美なり，その余諸菜をも耕して江戸へ運ぶ。
足立郡	薯　蕷	南部領の産なり，大抵江戸へ出して売買す，尤上品なり，大なるものは囲み尺に及ぶものあり。
埼玉郡	牛房，大根，葱	右岩槻・越ヶ谷辺の名物として世に称せり。

をかついで江戸に出る途中、この地に古くからあった「さいかち」の大木の下に集って休息するのが毎朝の例となり、その付近の住民のなかに新鮮な野菜をもとめて、ここへくる者が次第に多くなり、両者の間で売買したのが、そもそもの起りであったようだ。

この市の問屋組織などが、いつごろできたかは不明であるが、おそくも近世の半ばごろまでには、かなり組織だった市として発展していたことであろう。享保二〇年（一七三五）刊の『続江戸砂子』には、「駒込浅嘉町、土物店というあり」と記している。この市は毎朝立ち、『文政町方書上』によれば、文政年間（一八一八～二九）には、一四名の青物問屋が取引に当っていた。後年、この市場が「駒込辻のやっちゃば」と呼ばれたのは、その位置が、中山道と岩槻道とを小道でつなぐ不正四叉路の、御高札場や番屋などのあった辻にのぞんでいたためである。

なお駒込青物市は、神田および千住の両市とともに「大場所」といわれ、幕府への納菜の御用市場であった。御用市場になった年代については、「古来より」とあるのみではっきりしないが、それほど古いことではないであろう。安政年間（一八五四～五九）には、駒込青物問屋仲間は左のような規約をつくり、幕府御用をさしつかえなく勤めるよう申し合わせをしている。

一、当所仲ヶ間に依而問屋規範相定、古来より神田・千住・駒込三ヶ所は、市中大場所と唱へ、土地・青物類其他外御野菜之品一切御用品、三場所え被仰付、無御差支相勤、是を無異乱永続仕来候上は、猶相互に心附、御用品御納入之節は、行事両人立合、粗相御差支無様、大切に取計可申事、

御用納品

一、長芋、束芋、自然薯類、但し百合共

一、蓮根、但葉実共

一、馬芋

一、果物類、但し栗、柚共

一、木の子類、但し核共

また、駒込青物市場の今昔について、出口鎌吉氏はつぎのように語っている（昭和三十三年刊『東京都中央卸売市場史』）。

三大市場の一つとして、神田より水菓子、千住より葉物、駒込より土物一切にゆずを含めて御用納め仕ったため、明治大正にいたっても土物店と言われたゆえであって、これを立証する文献資料として、『土物御用納帳』二冊を綴り合わせたもの、及び年番により、品目価格等を取りきめた書類と、明治年中の駒込問屋仲間申合連盟状があって、これには板橋、牛込、早稲田、下谷坂本にいたる青物及び、いも類取扱者の記名調印がしてあ

った（いずれも太平洋戦争の際の東京空襲で焼失）。

江戸時代の後半にはいると、江戸周辺農村の野菜生産はいっそうさかんとなり、こうした周辺農村の生産者と密接な関係を有していた駒込青物市場は、ますます繁栄していった。千住市場の発展も同様であったろう。しかし反対に、江戸の中心にあった神田市場は、生産者から浮き上がってしまい、衰退の傾向をみせている。

たとえば、文化年間に周辺農村から江戸にはいる野菜の八〇％は駒込・千住市場で取引きされ、神田市場への入荷量は残りの二〇％に過ぎなかった。また神田市場の問屋数が、享保十年（一七二五）九四人、宝暦六年（一七五六）一五二人、寛政二年（一七九〇）一〇七人、文化十四年（一八一七）七八人と、宝暦ごろを頂点として以後は減少の一途をたどっているのも、駒込・千住の両市場に圧倒されつつあった事情を反映したものであろう（伊藤好一著『江戸地廻り経済の展開』）。

植木屋の村

駒込付近は、はやくから植木の産地としても有名であり、植木屋がたくさんいた。貞享四年（一六八七）刊の『江戸鹿子』にも、元禄十年（一六九七）刊の『日本国花万葉記』にも、植木屋の名所として駒込染井辺を挙げている。

江戸の市民たちは、しばしばハイキングがてらこの植木屋村である駒込にやってきて、植木・草花を買いもとめて帰っていったことであろう。大名や旗本たちも、自邸の庭づくりなどのために、わざわざ植木を大量に買いにやってきた。

また将軍も遊覧の際、ここに立ち寄って観賞することがたびたびあった。享保十二年（一七二七）三月二十一日には、将軍吉宗が駒込村の伊兵衛（伊藤氏）の花壇植木溜に立ち寄って花木を楽しんでいる。このとき、吉宗は御用木二九種を命じ、伊兵衛も三種の献上木をしているが、当時の品種がわかるので、『新編武蔵風土記稿』により、おもなものを列記すると左のとおりである。

霧島、阿蘭陀躑躅、接分楓、野田藤、白山吹、山杏、桜川躑躅、星岩蘭、唐橘

その後も、歴代将軍は駒込のいろいろな植木屋に寄っており、将軍の遊覧コースの一つになっていたようである。なお、小日向廓然寺の隠居大浄（十方庵敬順）の『遊歴雑記』によれば、元文・寛保のころから、花壇造りの菊花を観賞させることを巣鴨村の植木屋がはじめ、化政期には、菊花でいろいろな造り物をするようになったと記している。こうした菊花栽培は、駒込村その他でもさかんに行われたらしく、文化十一年（一八一四）刊の『きくみけんぶつちかみちひとりあんなひ』には、駒込富士前町の仙太郎、駒込内海屋敷の新之助、千駄木の富右衛門（石幡氏）・文次郎（高橋氏）、団子坂の六三郎（森田氏）・半三郎（大西氏）・伝次郎（三輪氏）・宇平治（楠田氏）、籔下の松太郎・治三郎・辰三郎・太三郎・利兵衛（清水氏）・沢二郎（楠田氏）・紋蔵、根津の千太郎・鉄五郎らの名が挙げられている。最盛期には八〇軒余りにのぼったという。

江戸地廻り経済の展開

当時の農業生産には、どのような肥料がつかわれていたであろうか。近世の肥料の主体は、草木の灰・人糞尿・塵芥・廐肥・苅敷、そのほか購入肥料として干鰯・油粕などがあった。都市の近郊農村では、比較的入手しやすい下肥が多く使用されていたが、江戸周辺農村の野菜を中心とする商品生産が発展してくると、肥効性の高い下肥の需要はいっそう高まり、それはついに干鰯・油粕とならんで、購入肥料としての確固たる地位を占めるようになった。

こうして江戸近郊の村むらより、江戸の大名屋敷や町屋にゆき、「かつぎ」と称して六尺の天秤棒に細長い肥桶

一荷（前後に一杯ずつ合計二杯）をかついだり、馬の背に二荷をつけてかえる農民の姿が多くなった。しかし需要が増すにつれて、下肥の価格は上がるいっぽうであり、農民同士で、大名屋敷や町屋の下掃除の権利を獲得するために相争う事件が多くおこった。それもこれも、肥料需要の増大、つまり江戸周辺農村における商品生産の高まりを、示すものにほかならないのである。

このような江戸地廻り経済の展開のなかから、村の商人たちが成長してきたことも見逃せない。元来、江戸周辺の農村には、そうした「百姓商売家」が多かった。『新編武蔵風土記稿』の豊島郡総説の項にも、「御府内近き村民等、物商ふべきことの免許を得、農隙の業とするものあり、其地もとより町奉行には属せずして御代官の支配なり、是を姑く百姓商買家といへり」とある。

このような商人たちが成長してくると、江戸の特権的な商品流通組織は、大いに動揺するようになった。ここに、江戸の特権的な米穀流通組織の衰退してゆくさまを知る史料を引用しよう。

> 近年、河岸八町之米問屋共衰微いたし、米方稼薄く相成候ハ、在方之米主共、問屋江売渡候よりハ、端々之米屋江直々売捌候得は、側米を不差出だけ直段よろしくと存込候而、問屋江売渡候儀無之様ニ成行故ニて候、

これは文化二年（一八〇五）に、老中戸田采女正氏教から勘定奉行柳生主膳正久通ら米価掛り役人に対し、評議することを命じた文書の一節である（内閣文庫所蔵『勘定所雑留』）。

これによれば、当時の江戸における特権的な米問屋が衰微した原因として、江戸の「端々の米屋」が多く出来て、その米屋と農民とが、高い口銭（側米）をとる問屋を除外して、直接取引をするようになったからだとしている。江戸の端々の米屋といえば、まさに駒込から板橋宿あたり、そして内藤新宿・品川宿・千住宿辺の米屋をさしている。江戸地廻り経済の展開を背景として、このような新しいタイプの商人が、近世の文京地区北辺の村方にも続々と登場してきたことであろう。

第Ⅱ部　江戸の美意識

第一章　江戸における「祭り」と「喧嘩」

——法と民衆——

はじめに

十八世紀後半の日本においては、政治・経済・社会・文化等、さまざまな分野に重要な変化がみられた。老中田沼意次が主導したいわゆる田沼政治の重商主義的な新政策の実施、農民的な商品生産・商品流通の展開、農村構造の変化、都市社会秩序の動揺、百姓一揆・都市打ちこわしの激化、江戸文化の満面開花等々、この期の一連の諸現象は、幕藩体制が大きな転換期を迎えたことを象徴している。それはまた、約一世紀後の幕末・維新期への道程の基点でもあった(1)。

日本における近代化を考える場合、黒船来航等の外圧に目を向けるだけでなく、むしろ幕藩体制下にあって多くの規制・弾圧にもめげず、着々と力を積み重ねてきた民衆の力量に、より注目する必要があろう。ここにいう規制・弾圧とは、いうまでもなく幕藩領主の法であり政策である。これに対応し、民衆がさまざまな経験のなかから蓄積してきた力量とは具体的に如何なるものか、「法と民衆」という共通論題に即して考察したい。

次に引用する史料は、その考察の糸口を提供してくれるように思う。天保七年（一八三六）三河国加茂郡に起きた百姓一揆の主謀者の一人辰蔵が、役人の取調べに応答している一節からの抄出である(2)。

辰蔵「諸人難渋にて命に拘る趣、右に付、世間世直の祭を致し難渋を救合との事にて、石御堂で会合仕った者。決て諸人に難渋をかくるとて企てた義では御座りませぬ。」

役人「ナンダ世間世直の祭だ。大家を崩し酒樽などを打砕くが世直の祭だか。法外至極の事をぬかす奴。」

辰蔵「ハイ米を買しめ、又露命を繫ぐ米をつぶして酒に致せば、弥諸人難渋の基。（中略）一同大家江願ひに参ったのも崩す了簡なき処、不斗《はからず》も喧嘩を致した物で御座りましやう。」

右の史料の辰蔵の返答中、とくに次の二点に注目したい。すなわち第一に、徒党して石御堂という場所に集合したのは、世間世直しの祭りをして諸人の困窮を救おうとしたためだと述べ、打ちこわし行為を世間世直しの祭りだとしている点である。さらに第二に、米を買占め酒造を続けている富家に施米を願いに行ったが、はからずもそこで喧嘩になり打ちこわしたと述べ、打ちこわし行為を実は喧嘩であったと返答している点である。

この辰蔵の言分の背景にあるものは、打ちこわしという違法行為を、「祭り」とか「喧嘩」という「法外」の状況にすりかえることによって、打ちこわし行為そのものを結果的に合法化してしまおうとする民衆の知恵である。こうした法に対する民衆の意識や行動様式は、十九世紀前半の天保期をまつまでもなく、すでに十八世紀後半の宝暦―天明期に成立していた。

第一節　打ちこわしの掟

先述のごとく、十八世紀後半は百姓一揆・都市打ちこわしの昂揚期であった。領主の過酷な年貢収奪や没落貧農の都市下層社会への大量流入現象などがその背景にあり、さらに十八世紀末の天明大飢饉が、一揆・打ちこわしの激化に一層の拍車をかけた。

もちろん、一揆・打ちこわしといった反権力的な集団行動は違法であった。その違法性の根源は「徒党」にあった。たとえば、百姓一揆の一形態である逃散とは、徒党して村方を立退くことであり、強訴とは、徒党して強いて願いごとを企てることである。幕府・諸藩は、近世を通じ一貫して徒党を禁じた。幕府法によれば、徒党とは「何事によらず、よろしからざる事に百姓大勢申合せ候」ことと定義している(3)。都市町人の徒党も同様に禁じられていた。すなわち徒党とは、為政者にとって不都合なことを集団で申合わせることである。

もちろん江戸時代とて、百姓・町人が為政者に対し、年貢減免などの願いごとをすること、つまり訴えること自体は、一定の手続きさえ経れば合法であった。村民ならば名主・組頭などの村役人を通じて代官役所へ、さらに必要と認められれば、代官役所を通じてより上級の役所へと、訴えることは公けに認められていた。一定のルールのもとで「訴」は保障されていたのである(4)。

一揆・打ちこわしの蜂起に至るまでには、ほとんどの場合、その前提として民衆はこうした合法的手続による訴願運動を繰り返し行っており、みずからの要求が合法的手段ではどうしても叶えられないと認識した段階で、止むに止まれず蜂起している。国学者本居宣長も指摘しているごとく、民衆は時の政治の政策変更や窮民救済を要求して、処罰覚悟の重大な決意をもって蜂起している(5)。したがって一揆・打ちこわしは、決して暴徒による突発的な暴動ではなかった。

すでに本章の冒頭にも述べた通り、十八世紀後半は民衆の闘争が激化した時期であった。幕府はこれに対処して、厳しい弾圧政策を次々に打ち出した。すなわち逃散百姓に対する強制帰村および処罰、密告の奨励、江戸屋敷への門訴の厳禁、近隣諸藩・幕領よりの鎮圧隊出動の許可、鎮圧のための鉄砲使用の許可等々、一連の一揆弾圧立法がこの期にほぼ整備・体系化されている(6)。

こうした弾圧に対応して、民衆の闘争もまたとぎすまされていった。まず第一に、それは決して成文化されたものではないが、一揆・打ちこわしの数々の歴史的経験から体得した闘争の際の規律＝掟といったものが、この期の民衆の意識のなかにおのずと育まれていた点に注目したい。領主側からみれば、まさしく非合法の一揆・打ちこわしであるが、民衆側にとってこの掟は、闘争の「正当性」を主張し得る裏付けとなる行動倫理規範であった。さらに第二に、この期の蜂起民衆は領主の取調べに対し、闘争それ自体の非合法性を否定し、徒党でなく私的な喧嘩であると申し披きすることによって、その「合法性」を主張する戦術も体得していた。領主法に対応する民衆の意識や行動は、一揆・打ちこわしといった緊迫した場面で、このようにもっとも鮮明に表出した。そこで以下この点につき、具体的に天明七年（一七八七）五月の江戸打ちこわしの場合を素材として検討することにしよう。(7)

天明七年の春以来、江戸市中は不穏な空気に包まれていた。天明年間に続いた災害・飢饉により食糧危機が頂点に達したのである。米価は端境期を迎えて連日騰貴し、米以外の諸物価も軒並み高騰した。商人たちの買占め・売惜みも価格騰貴に一層の拍車をかけた。こうなると、いちばん困窮するのはその日稼ぎの下層民たちであった。町々の名主を通じて町奉行所に窮民の救済を訴願したが聞き入れられず、五月二十日、ついに江戸民衆は蜂起した。

もっとも、この天明七年における都市民衆の蜂起は、江戸だけではなかった。現在判明する都市騒擾件数は、江戸時代二百数十年間で約五〇〇件にのぼるが、そのうちの実に五三件が天明七年の僅か一年間に発生している。しかもその五三件のうちの三五件が、この年の五月に集中している。すなわち天明七年五月には、江戸・大坂をはじめ、石巻・岩槻・甲府・駿府・福井・和歌山・大和郡山・奈良・堺・淀・伏見・大津・尼崎・西宮・広島・尾道・高知・下関・博多・熊本・長崎というように、全国各地の主要都市にほぼ同時的に打ちこわしが起こった。(8)

天明七年五月の江戸打ちこわしは、こうした全国的な都市民衆の蜂起を背景に勃発した。五月二十日の夜、深川・赤坂辺の米屋打ちこわしを発火点として、以後二十四日ごろまで昼夜の別なく、北は千住、南は品川に至る江戸全市中を包む大騒動となった。この間、為政者は何らの手もほどこせず、全くの無警察状態となり、蜂起民は、米屋のみならず、米穀を買占めていると目された富裕の家々をも軒並み打ちこわした。五月二十四日になり、やっと御先手十組の厳しい市中巡察が開始され、そのうえ応急対策として大手門外の四日市に救済小屋が設けられ、騒動は鎮静化に向かった。

打ちこわし参加者の正確な数は不明であるが、一説によれば五〇〇〇人にものぼったといわれる。かれらのほとんどは、江戸在住の下層民、つまり裏長屋に住むその日暮らしの店借層であった。具体的には、左官・足袋・挑灯張・蒔絵・髪結・屋根葺などの小職人や、天秤棒をかついで野菜や魚を売り歩くいわゆる棒手振の零細商人、そのほか日雇稼ぎの者たちが、その中核であったと思われる。

この大規模な打ちこわし勢を統一的に組織し指導したグループがいたかどうか、現在のところ判然としない。『後見草』には、「誰頭取といふことなく、此所に三百、彼所に五百、思ひ〳〵に集りて鉦・太鼓を打ならし、更に昼夜の分ちなく、穀物を大道に引出し切破り」[9]とあり、だれが頭取（指導者）ということもなく、皆で主体的に行動しているありさまを伝えている。町奉行所が逮捕した者のなかにも、指導者らしき人物は一人もいなかった。

しかし、打ちこわしの際の集団的行動は、それぞれの場において、きわめて規律性の高い統制のとれたものであった。幕臣森山孝盛は、近くの赤坂一帯の米屋が打ちこわされた様子を、「大勢徒党致し米屋を打潰し候様子之由申聞候、翌朝段々承候処、赤坂一郷之米屋二十軒悉く打潰し候由、依之何となく罷出見候処、赤坂御門迄之間、道筋米屋共散々之躰ニ相見へ申候、衣類・諸道具等泥ニ踏込、米・大豆等は道中へ打散し、少しも取不申、火之元等念入、隣家などへハ障不申候由」[10]（傍点引用者、以下同じ）と、その日記に記している。

すなわち蜂起民衆は、家財・建具などをこわし、米や雑穀を道路にひきちらかしはするが、少しも盗みはしなかった。また火の元に用心しながら、目的の商家のみを打ちこわし、隣家に迷惑を及ぼさぬよう気をつかっていたというのである。

『蜘蛛の糸巻』に、「道路に散たる物を取りて逃げる者あれば、打ちこはし人取り返し、打擲して取りたるものは引き破り、捨て置く事、町火消の掟によく似たり[11]」とあり、もし盗みをする者がいれば、打ちこわし参加者がみんなでその盗人に制裁を加え、盗品を奪い返して破り捨てたという。とくに注目されるのは、こうした行為は町火消の掟によく似ていると述べている点である。おそらく打ちこわし参加者の間にも、盗みをしないという打ちこわしの掟が、闘争の正当性を主張する不文律の行動規範として確立していたものと思われる。

打ちこわしの掟のもう一つは、火の用心をしながら打ちこわし、迷惑を他に及ぼさぬということであった。都市のなかでもとくに江戸は、狭い空間に町家が密集していたので、打ちこわしの最中にその家から火が出れば、その家一軒だけの災に止まることはまずなく、数町、あるいは数十町を焼きつくす大火になる危険性が十分にあった。そこに、打ちこわしという過激な行動をしつつも、対象とする特定の家以外の一般の家々には決して迷惑をかけぬという、都市住民としての倫理感が形成されていたのである。こうした打ちこわしの掟は、打ちこわし実行者と見物人との間の共感の醸成に大いに役立ったに相違ない。事実、打ちこわし参加者は日増しに増大した。また京橋南伝馬町二丁目の米商万屋作兵衛家を襲った集団は、鉦や拍子木で合図をし、中休みをしながら打ちこわしたという[12]。打ちこわしの最中に中休みするなどということは、一定の規律がなければとてもできるものではない。この打ちこわしが、かなり高度な闘争意識と行動に支えられていたことがわかる。

第二節　喧嘩の論理

天明七年五月の江戸打ちこわしの際逮捕され、翌年裁決をうけた者は三十余名であった。たとえばそのなかの一人、深川六間堀町平右衛門店に住む挑灯張渡世の彦四郎は、「徒党ヶ間敷儀致間敷旨、度々御触も有之処、貧窮にて妻子育兼候迚、去年五月廿日、善八外六人之もの共申合、伝次郎方え罷越合力申懸、相待候様申に付、埒明ざる事と存、伝次郎宅え踏込、建具・家財等打ちこわしあばれ候段、御府内と申、不恐公儀仕方不届」として、「重敲之上中追放」に処せられている。(13)

処罰の理由は、深川森下町の乾物商伝次郎に集団で施米を強要し打ちこわした行為が、徒党の禁の法令に違反していること、加えて、とくに将軍膝下の江戸で蜂起した不届が強調されている。

それにしても、あのように大規模な騒動にかかわらず、処罰者がわずか三十余名とは不思議である。実は騒動の際、もっと大勢逮捕されたが、ほとんどの者がすぐに釈放されたのである。『森山孝盛日記』の天明七年六月二十一日の条に、「此度騒動之町人共多く被召捕、米屋も大勢被召捕候処、喧嘩之取捌に成、被差免牢屋より帰る」(14)とあり、また当時の別の記録にも、「五月廿三日朝千人も牢屋に参候処、（中略）喧嘩の名目にて其の日の内に皆御赦免」(15)と記されている。

引用史料中にみえる「喧嘩之取捌」とか「喧嘩の名目」が、釈放の重要な理由であった。事実、近世法によれば庶民の喧嘩は理非互格とされ、五分五分の線で裁決された。平松義郎氏は近世法における喧嘩について、次のごとく述べている。(16)

庶民の喧嘩口論で双方が疵付くと、「互格之疵」と称していずれにも全く科刑しないのが常であった。一方が疵付いた場合は、療治代を支払わせるか、とくに重傷であれば追放か遠島に処したが、これは被害者の復讐感情を顧慮したのである。私的な争が出入筋の裁判になると、理非互格とみなす方向が支配的であり、「喧嘩は互に五歩の持ち」（心中ふたつ腹帯）、「言分は大てい五分五分に理分有物なり」（商人平生記）というのが社会通念であった。「喧嘩両成敗」のこれは近世的表現であって、「諺に喧嘩両成敗と申し、互に少々宛之理分も有之ものに付、其心得を以て取計可申事、一図に訴訟方歟、相手方歟、良き悪きと申儀は無之事」（公事雑書）

と記したものもある。

蜂起民衆は、徒党という非合法の闘争を合法化する知恵を有していた。打ちこわし行為は、米屋に対する民衆の徒党行動ではなく、米屋と民衆との私的な喧嘩であったと幕府に認定させることにより、処罰を免れたのである。喧嘩は徒党と異なり、幕府も双方の理非互格として、重傷人さえ出なければ処罰しない方針であった。前掲『森山孝盛日記』にも記されているように、打ちこわし参加者も、打ちこわされた米屋も大勢逮捕されたが、実は喧嘩であったということで双方ともに釈放されたのである。

それでは、打ちこわし行為を喧嘩と幕府に認定させるために、民衆はどのような蜂起戦術をとったのであろうか。『翁草』には、天明七年の江戸打ちこわしについて、その戦術を明確に指摘している[17]。

　此度の溢れ者、始より党を組て理不尽の働きをなすに非ず。後日の申披を考へたる仕形なり。其謂は、先崩さんと思ふ米屋の名前にて、米下直の小売の札を認め、来何日何時より何時迄の間に売出の由、謀書して所々に張置く。仍て窮人是を見て、我も〳〵と其刻限に米屋へ集り、群りて買んとするに、元より虚事なれば、米屋合点せず、兎や角申募て喧嘩に成と否、其頭取の者共下知して、其家を破却し米を奪ふ故に、夫へ集りし買手共も、倶々に是を手伝ふ。

すなわち、打ちこわそうとねらいをつけた米屋の名前で、何日何時より米安売をするという張紙を、勝手に方々に張付け、その時刻に窮民たちが大勢集まってくる。しかし米屋は知らぬことなので、窮民たちとの間で押し問答となり、ついに喧嘩となり、さらには打ちこわすという戦術である。

この戦術につき『翁草』の筆者も、蜂起民衆ははじめから徒党を組むという非合法の行動にはでず、逮捕された際の申し抜きを考えたやり方だと指摘している。打ちこわしという本来非合法な行為を、喧嘩の論理を導入することによって、合法的な行為として認めさせようという知恵を、蜂起民衆は体得していたのである。

天明七年の江戸打ちこわしは、幕府をして窮民救済の具体策を実施せざるを得なくした点で、蜂起民衆にとっては一応成功であった。そのことは、逮捕者のほとんどがすぐ釈放され、処罰された者はごく少数であったことからもいえよう。もちろん、田沼意次政権から松平定信政権へと移行する、ちょうどその政治的空白期に起きたことも幸いしている。しかし、打ちこわしの掟を身につけ、かつ打ちこわしに喧嘩の論理を導入し、実践したことが、成功の裏付けになっていたことを、ここではとくに強調しておきたい。

なお前節ですでに紹介したように、『蜘蛛の糸巻』に、打ちこわしの際盗みをする者がいれば打擲し盗品を取り返したとあり、これは「町火消の掟によく似たり」と指摘している。江戸町方の火消人足は、火災に便乗して盗みをはたらく者が出ぬよう、かれらの仲間で自律的な掟をつくっていたのである。

しかしかれらは、火災で出動の際、平素から遺恨のあるような家をついでに打ちこわすことが、しばしばあったようである。当時の消防の方法は破壊消防であった。したがって、延焼を食いとめるために止むを得ず打ちこわしたのか、それともわざわざ打ちこわしたのか、その判定はむずかしく、しかも盗みの行為を伴わなかったので、幕府も容易にこれを取締ることができなかった。かれらはまた、徒党を組んではしばしばはでな喧嘩をした(18)。しかしこれも、御法度の徒党ではなく、喧嘩ということで、ほとんど幕府の裁決に至らず、当事者双方の示談で一件落着することが多かった。

このように、江戸町方の火消人足が打ちこわしや徒党の行動を起こしても、幕府が法的な弾圧を加えることはなかなかむずかしかった。天明七年の江戸打ちこわしの作法・戦術をいままで検討してきたが、あるいはこの江戸町火消の行動様式がその原型となっていたかも知れない。

この町火消の行動様式は、やがて江戸民衆のみならず、ひろく関東農村の村びとにまで影響を与えるようになった。天明七年の江戸打ちこわしから一七年後の文化二年（一八〇五）のことである。幕府は関八州の村々に対し、

「百姓共之内、江戸町方火消人足之身體をまね、出火ニ事よせ、大勢ニて遺恨有之者抔之家作を打こはし、或は頭分と唱へ、組合を立て、喧嘩口論を好ミ候もの共も有之由、甚以不埒之事ニ候、急度相慎、惣て風儀を宜敷可致候[19]」と令し、出火に便乗した打ちこわしや徒党しての喧嘩など、法規制すれすれの都市の風儀が農村に浸透した事実を認めるとともに、その取締りに乗り出している。

一方江戸でも、こうした町火消人足の行為に対する幕府の厳しい統制が、当然実施されたと思われるが、次に引用する天保十三年[20]（一八四二）の南町奉行所同心の上申書によれば、幕末まで依然としてかれらの風儀が改まっていないことを知る。

　町火消人足共、又は土手組と唱候鳶人足、或ハ大工・家根屋・左官・建具屋・紺屋もの、新場小田原町肴屋共儀、少々之口論致し候得は、其仲間之者共徒党致し、竹鎗又は刃物を持参、建家、家財等打こわし候もの有之、検使之上御吟味ニ相成候ても、町火消人足頭取、或は町内ニて口利候もの共□□ニ立入、内済致し候間、死失人等無之候得は、御裁□ニは不相成事と見掠、聊之事も徒党致し候様成行候

すなわち町火消人足のみならず、土手組と称した鳶人足、大工などの職人、あるいは魚市場の肴屋などが、しばしば徒党して喧嘩をしたり、さらには建家・家財を打ちこわしたりした。しかし死者さえ出なければ仲裁人が間に入って示談とし、法的に裁きをうけることはなかったというのである。右の上申書は、このように御法度の徒党をしても、喧嘩の論理を導入すると処罰されない現状を嘆き、「両三人たり共徒党致し候口論ハ、御吟味御下無之、御裁許御座候ハ、、見懲致し、風儀相直候様罷成可申哉ニ奉存候」と、以後はたとえ二、三人でも、グループを組んで喧嘩をしたら示談にせず、徒党の禁を犯したかどで処罰すれば見せしめになり、風儀は改まるであろうと進言している。

「火事と喧嘩は江戸の花」という。火事と喧嘩は右にみてきたように、権力が法的に規制しようとしてもなかな

か規制しにくい、法外の空間である、江戸の民衆は、法的な枠組みの内なる空間を「花」とは考えなかった。法外の空間なればこそ、それは「江戸の花」であった。祭りもまた法外の空間であった。

こうした法外の演出者は、前掲引用史料中にみえる「町火消人足頭取」や、あるいは「町内ニて口利候もの共」であった。かれらは何か事件や騒動が起きると、官の裁きに至る前に、間に入って双方を示談におさめた。かれらの存在は、江戸の町共同体における円滑な日常的生活に欠かせぬものであった。

第三節　三社祭礼と喧嘩・打ちこわし

祭りに喧嘩や打ちこわしはつきものであった。先述のごとく、喧嘩は法的に特別の扱い（理非互格）をうけていた。そのうえ、法外の空間である祭りの場での喧嘩となると、なおさら法的規制はしにくくなる。祭りの場での打ちこわしも、祭りの場なるがゆえに法的規制は弱かった。このように、祭りにおける喧嘩や打ちこわしは大目にみられたため、民衆は日頃のうっぷんをここで思いきり発散できたのである。

浅草寺の三社祭礼も、その例外ではなかった。例年三月十七日・十八日が祭礼日で、とくに十八日には神輿の渡御が行われた。ただし原則として、神輿が門前町々を渡御する本祭礼と、境内のみを渡御する内祭礼（影祭礼・間の祭礼とも称す）とが隔年に行われた。本祭礼は丑卯巳未酉亥の年、内祭礼は子寅辰午申戌の年である。[21]

寛政三年（一七九一）の浅草寺より寺社奉行への書上げによれば、浅草寺領の門前町は、材木町、花川戸町、山之宿町、茶屋町、並木町、駒形町、諏訪町、三間町、東仲町、西仲町、田原町一丁目、同二丁目、同三丁目、聖天町、同横町、同瓦町、田町一丁目、同二丁目、浅草町の一九町であった。[22] このほか境内町屋として北馬道町、南馬道町、同新町の三カ町があった。こうした門前町や境内町は、浅草寺の代官二名（本間・菊地の両氏の世襲）が直接支配した。

なお前記の門前町のうち、材木町、花川戸町、山之宿町はとくに宮元三カ町といって、神輿かつぎの人足を差出す町であった[23]。三社の神輿は、それぞれ浅草寺観世音菩薩の示現にゆかりの、土師中知を祀る一の宮、桧前浜成を祀る二の宮、桧前竹成を祀る三の宮の三基があった。

それでは以下、『浅草寺日記』[24]より、三社祭礼における喧嘩の具体相をみることにしよう。

まず初見は、本祭礼年にあたる宝暦三年（一七五三）三月十八日の記事である。すなわち、「今日神輿諏訪町渡候節、悪党者大勢罷出、横町江神輿引入候ニ付、及口論騒動、疵付候者も大勢出来候得共、皆々散失、諏訪町清吉と申者、材木町善兵衛と申者疵付候故、両町ゟ能勢肥後守殿江相訴、検使相済御吟味ニ相成候、且又、右騒動之節神輿も三社共ニ余程之損有之、旁以祭礼之節神輿江障候不届者故、追々吟味申付候[25]」とある。

この喧嘩騒動の背景は明らかでないが、直接の原因は諏訪町を通行の際、神輿を横町に無理に引入れたためというから、神輿の通行順路をめぐっての諏訪町と、かつぎ手の材木町との争いだったと思われる。こうした騒動の際は人が傷つくだけでなく、必ずといってよいほど神輿も破損した。その修復費用を誰が負担するかが、しばしば争点となった。この事件は、それぞれ負傷者が一名ずつあったという理由で、双方の町から町奉行所に訴え出たが、おそらく喧嘩は理非互格ということで、なんの処罰もなく内済になったものと推定される。

それから四年後の宝暦七年三月（雨天のため二十一日に執行）の本祭礼は、今まで神輿の渡御がなかった田原町と三間町から願い出があり、新しく通行順路に加えることになった。そこで浅草寺代官は、御輿をかつぐ材木町、花川戸町、山之宿町の宮元三カ町に対し、とくに喧嘩をしないよう、そして新しい通行順路にしたがうよう、町中連判の請証文を提出させている[26]。神輿の通行順路について、氏子たちは随分神経をつかっていたようである。

三社祭礼における喧嘩の記事は、その後しばらくみえぬが、明和七年（一七七〇）三月晦日の「押勧化」の記事は興味深い。すなわち、「三社権現其外稲荷等祭礼之節、門前若者共并子共大勢神酒代寄進物申立、一山地借之者江押勧化、少分ニ而者得心不仕悪口抔申、無体之致方ニ而地借之者共難儀至極仕候」とある。(27)

これによって、三社祭礼や西宮稲荷祭礼などの節、神酒代その他の寄進を強要する風習があり、人びとが迷惑していたことがわかる。ここで注目すべきは、引用史料中の「門前若者共」である。祭りに活躍する若者たちの行動が、マイナス面でとらえられた最初の記事だからである。しかもこうした押勧化は、のちにはしばしば打ちこわしに発展した。

翌々明和九年（安永元）は内祭礼の年であったが、三社祭礼直前の三月十五日に、宮元三カ町の月行事より浅草寺代官所あて次のような請証文を差出している。(28)

差上申御請証文之事

三ヶ町月行事共申上候、当三月十八日三社権現影御祭礼ニ付、三体之神輿御定之外舁出申間敷候、御境内計相渡、両門之外町々江者決而差出申間敷旨被御渡奉畏候、殊ニ先月廿九日大火ニ付、御本坊様并両御役所共御類焼被遊候得者、別而神輿舁若者共相慎、喧嘩口論等不仕、大切ニ当リ申候之様、三ヶ町店々ゟ罷出候社人若者共江三ヶ町申合、銘々証文を取、厳敷可申付候、勿論当日、月行事共計ニ而者大勢之儀難制候間、組頭家主共不残罷出、神輿ニ付添政道可仕候、仍如件

右の請証文によれば、まず第一に、今年は内祭礼なので仁王門と随身門の外へ神輿をかつぎ出さず、境内ばかりかつぐこと、第二に、江戸大火（明和九年目黒行人坂の大火）で本坊の伝法院などが類焼したので、神輿をかつぐ若者たち喧嘩口論を慎むこと、第三に、組頭・家主全員が神輿に付添って警固することを、宮元三カ町の月行事三人が浅草寺の代官に約束している。この請証文の内容の裏を返せば、内祭礼の際でも境内の外、つまり門前町々へ神輿をかつぎ出すことがしばしばあったこと、また若者たちの喧嘩は祭りにつきものであったこと、さらに町役人層

総出でなくては若者規制は困難であったこと、などを物語っていよう。

三社祭礼は、喧嘩のみならず打ちこわしの絶好の機会にもなった。寛政八年（一七九六）六月の『浅草寺日記』の記事にも、宮元三カ町の若者たちは常日頃から「御境内楊枝見世・茶見世等江参り我意を振ひ、又ハ町家之内酒見世等出し候へば、三ヶ町若者頭抔と若ヶ□者之方ゟ此方へ届無之抔と申候而、彼是差障り候趣抔も有之様子、其上年々三社祭礼之節、神輿持歩キ、平常之挨拶悪キ者之宅へ持込、打ちこハし候義など時々相聞候」とある。(29)

すなわち宮元三カ町の若者たちは、平素から浅草寺境内や門前町内で、かなりわがままな行動をしていたようである。そのうえ、常日頃若者たちにつけ届けや酒などの振舞をしない家に遺恨をもち、三社祭礼の折に神輿をその家にかつぎ込んで打ちこわすことが、しばしばあった。

さきに、「出火ニ事よせ、大勢ニて遺恨有之者抔之家作を打こはし」という文化二年の幕令を紹介したが、この三カ町の若者の場合は、出火ではなく、まさに祭りに事寄せて打ちこわしたのである。しかし神輿をかつぎ込んでの狼藉のため、神慮だなどという口実も用意しており、責任の所在はあいまいとなった。結局、被害を受けた家では公けに訴えることができず、ほとんどが泣き寝入りとなった。

また、とくに注目すべきは「若者頭」の存在である。詳細は不明であるが若者個人個人ではなく、若者仲間に類するような集団があったればこそ、若者頭がいたものと考えられる。浅草寺が恐れたのは、若者の個人的行動ではなく、こうした集団としての過激な行動であった。

宮元三カ町の若者たちの狼藉ぶりは、このように寛政期にますますエスカレートしたようである。それは祭りのときのみならず、平素においても同様であった。浅草寺もついにこれを黙視し得ず、寛政八年にこれら狼藉者の一掃をはかるとともに、翌寛政九年から、三社祭礼の神輿渡御を厳しく規制するようになった。(30)

その規制の内容は次の三点である。すなわち第一に、神輿持人足は一基三〇人ずつで計九〇人と定め、寛政九年より神輿持人足は全員、白張を着用し烏帽子を冠ることにした(31)。神輿持人足は宮元三カ町の若者が担当することになっていたから、かれらにこのような統一的な衣服を着用させることにより、その脱線的な行為を防止しようとしたのである。

第二は、警固人の増加である。従来は浅草寺領門前町名主一一人のほか、警固人として宮元三カ町以外の神輿通行先の町々（諏訪町、三間町、田原町、西仲町、東仲町など）から四〇人余が出ていたが、寛政九年より、とくに宮元三カ町からも六〇人の警固の者を出すよう定められ、警固人は合計百人余となった。

第三は、門前町名主たちからの願出により、毎年町奉行所から一〇人前後の同心が祭礼日に浅草寺に出張し、三社神事の取締りにあたることになった。このように幕府役人の直接介入を仰ぐことによって、祭りにおける若者たちの法外な行動を規制しようとしたのである。

この第三の点についてであるが、浅草寺からではなく、門前町名主からの願出は、寺社奉行の所管との関係によるものであろう。従来も非公式に町奉行所の同心数名が神輿警備にあたっていた。宝暦七年の本祭礼のとき、「去々年祭礼之節、町奉行所ゟ格別ニ被添心、神輿一社ニ両人程宛見江隠ニ付添候様ニ万端被心付候由故、今年茂右之通頼遣之候処、致承知候旨依田和泉守殿役人被申越(32)」。とあり、浅草寺から非公式に依頼して町奉行所の協力を仰いでいる。この史料によれば、こうした方式は宝暦五年から始められたこと、神輿一基につき二人程が見え隠れしながら付添ったとあるから、あくまでも祭礼参加者を刺激しないよう配慮していたことなどがわかる。しかしこの寛政九年からは、そうした配慮を捨てて、町奉行所同心が神輿警備の前面に公式に登場したのである。それは法外空間の祭りを、法的枠組みのなかに押込めようとする操作でもあった。

浅草寺が断行した以上のような三社祭礼に関する厳しい規制や、あるいは宮元三カ町の若者たちに対する徹底した弾圧の前提には、その引き金となる事件があった。寛政八年六月に起きた、いわゆる三カ町若者狼藉事件である。

第四節　三カ町若者狼藉事件

寛政八年（一七九六）六月五日から浅草寺境内において、京都北野妙蔵院の天満宮の出開帳が行われた。当初は八月五日までの六〇日間の予定であったが、さらに三〇日間の延長が認められ、合計三カ月にわたった。本節で取りあげる事件は、この妙蔵院の出開帳直前の六月三日に発生した[33]。

すなわち寛政八年六月三日、妙蔵院の神輿・宝物が翌々日よりはじまる開帳のため、浅草の駒形町辺に到着した際、材木町・花川戸町、山ノ宿町のいわゆる宮元三カ町の若者四〇人余が、その神輿・宝物を理不尽に奪い取り、勝手に浅草寺境内までかつぎ込んだという狼藉事件である。まさに「法外之騒動」であった。

事件の原因はさだかでないが、おそらく妙蔵院が、浅草寺境内で開帳するにあたっての然るべき挨拶を、あらかじめ三カ町の若者たちにしておかなかったためと推定される。そのため妙蔵院は、浅草寺領の門前町に到着早々、遺恨ある三カ町の若者集団によって手荒な扱いをうけたのであろう。

しかし妙蔵院側は、開帳を無事済ませるためにも、地元と波風をたてたくなかったのであろう。浅草寺当局へこの狼藉事件を訴え出なかった。一方、事件参加者を大勢出した三カ町の名主ら町役人も、かれらを取調べることなどまったく考えていなかった。事件が起きて七日後に、浅草寺代官から尋ねられてやっと調査を開始している。のちに、「此方ゟ相尋不申候ヘ者法外之騒動を其儘ニ打捨済セ候心得ニ候哉」（七月四日）と、寺役人が名主らに詰問している。

妙蔵院も名主も、両者ともに事件を表沙汰にしたくない雰囲気であった。おそらくこの種の事件は、日常的にしばしば起きており、今回も町内の顔役とか若者頭や町火消人足頭取などがこれを仲裁し、仲直りする手はずになっていたと思われる。

しかし、当時浅草寺の本寺であった上野寛永寺から出張の浅草詰吟味役所の役人は、この事件を見逃さなかった。事件から七日後の六月十日、浅草寺代官に命じてこの事件の徹底糾明に乗り出した。すなわちこの事件の主謀者らを割り出して処罰すれば、その主謀者はおそらく常日頃から浅草寺境内で横暴な行為をしたり、門前町々で不法な行為をしている者と同一人物であろうから、平常の境内取締りや門前町々の取締りのためにもなると考えたのである。とくに三カ町の若者たちの常日頃の行動は、領主としての浅草寺にとって目に余るものがあったので、この事件を契機に、かれらを強力に規制しようとしたのである。

『浅草寺日記』の寛政八年六月十日の頃に、「三カ町之者共、平常共境内ニ而我意を振回、且年々三社祭礼之節抔神輿を持歩キ、不埒之事共有之、（中略）是亦序ニ取締り申付候」とあり、六月三日の狼藉事件に対する糾明のついでに、平素の取締りをも代官に申付けている。さらに同年六月二十一日の頃に、もし取締りをせずにこのまま放置していたら、「愈此上若年之者共不憚いたし方増長いたし可申候、此度を幸ニ平常之取〆り申付候」と、今回の事件を幸いに、平常の取締りを厳にするよう、代官より三カ町の名主・家主に命じている。また六月二十五日の頃には、「平常頭立候而不宜事共下知いたし候者、（中略）此度之義をも下知いたし候ハ相知候事ニ候」とあり、平常から悪行をしている中心人物は、今回の狼藉事件の主謀者と同一であると、寺側では認識していた。

それゆえ、六月十日から始まった事件の取調べは厳しかった。浅草寺側では、まず三カ町の名主らに狼藉事件参加者の名簿を提出するよう命じた。名主らはいろいろ口実をもうけて、その提出を拒んだが、寺役人の再三にわたる督促に抗しきれず、六月二十二日に事件参加者の名簿を提出した。それによれば、材木町二五人（のちに一人追加）、花川戸町一二人、山ノ宿町六人の計四三人（のち四四人）であった。

六月二十五日、寺役人は三カ町の名主らに対し、さきに提出した四三人の名簿のうち、「頭取候者」＝主謀者はだれかと尋ねた。この際も名主らは、主謀者の名前を積極的に明らかにしようとはせず、われわれにはわからないから四三人全員を呼び出してお調べ下さいと、二十八日に返答している。業を煮やした寺役人は、同日こうした名主らの態度を叱責するとともに、寺側で調査した常日頃からの「悪ル者共」の名前書を名主らに渡し、これをもとに事件の主謀者を書上げよと命じた。こうまで厳しく糾明されては、さすが名主らもこれ以上の抵抗はできず、指摘された「悪ル者」一人一人に関する調査書を七月上旬までにしぶしぶ提出した。

その結果七月十七日、浅草寺代官役所にて主謀者六人の吟味調書が作成され、十九日に、代官菊地定之進よりそれぞれ次のような仕置が命じられた。

先月三日妙蔵院天満宮着之節、三ヶ町之若者共狼藉いたし候ニ付、名主吟味之上、一昨十七日呼出、六人之者申口之一札取置、上野へ伺之上、今日御咎筋申達ル、尤菊地定之進役所ニ而同人申渡シ

材木町ニ而平生不身持之者ニ而内吟味所、此度頭立候筋ニ有之候間

　所払、境内徘徊差留　三人

花川戸町ニ而同断

　同断　壱人

山ノ宿町ニ而同断

同断　壱人

山ノ宿町ニ而同断之上、此度開帳場ニ而重々狼藉有之ニ付

　御門前并御境内払　壱人

右の史料によれば、主謀者六人のうち五人は「所払、境内徘徊差留」、一人は「御門前并御境内払」であった。

このほかの事件参加者三八人に対しては、「呵り之上三日之慎」を申付けた。また若者頭三人に対し、事件に直接

参加はしていないが、若者たちがこのような不法を犯したのは、「若者頭之名目之所為ニ相当り申候ニ付、境内徘徊差留」を命じた。事件に参加していないだけに、若者頭に対するこの処置は厳しいものといえよう。さらに七月二十三日には、三カ町の名主三人に対し、事件発生後七日間も、寺側から指摘されるまで届出もせず放置していたのは不埒であるとして、「廿日之押込」、同様に月行事三人も「廿日之押込」を申付けられた。

このほか家主の息子、または家主の弟、あるいは家主の奉公人が事件に参加したということで、五人の家主が処罰された。家主身分でありながら監督不行届であったとして、とくにその責任を問われたのである。すなわち、息子が事件の主謀者の一人であった家主は、「廿日押込」、息子が事件に参加した家主は「十日押込」、弟が参加した家主は「七日慎」、奉公人三人が参加した家主も「七日慎」、奉公人一人が参加した家主は「五日慎」をそれぞれ申渡された。これによって名主・組頭らの子弟に事件参加者はなく、家主の子弟も三人のみ、したがって事件参加者四四人のうち四一人は、店借層あるいは店借層の子弟、もしくは奉公人層であったことがわかる。

ともあれ従来は、この種の事件が起きても浅草寺ではほとんど不問に付してきた。しかしこの三カ町若者狼藉事件で処罰された者は、実に五八人にも達した。こうして一件は落着した。六月三日に事件が起きてから七月二十三日に一件落着するまで、五〇日間というスピード処理であった。浅草寺のこの事件に対する厳しい姿勢がうかがえよう。

しかし翌寛政九年二月十一日に、別の町の若者たちにより似たような事件が発生した。当日は初午の日なので、境内の西宮稲荷社に例年の通り神輿を飾っておいたところ、門前町と東仲町と境内町の新町の若者二〇人余が、この神輿を理不尽に持出すという事件が起きた。東仲町・新町若者狼藉事件である(34)。

この事件に対しても、浅草寺は断固たる態度でのぞみ、事件のわずか一カ月後の三月十一日に、関係者一七人を処罰した。すなわち主謀者六人のうち、一人は「御門前払」、四人「境内徘徊御構」、もう一人の主謀者を預かっていながら取逃がしてしまった者に対しては「十日押込」、このほか連帯責任として主謀者の家主五人と親類縁者ら四人を「三日押込」、両町の名主を「御呵」に、それぞれ処した。

このように寛政八年から九年にかけて、二つの狼藉事件を契機に門前町の若者に対する浅草寺の規則が、にわかに厳しくなった。先述した三社祭礼への厳しい規制も、こうした状況を背景に寛政九年から実施されたのである。

第五節　門前町の若者中

前節で述べた寛政八年の三カ町若者狼藉事件の吟味経過から、次に二つの問題が浮び上がってこよう。第一に、なぜこの時期に領主（この場合は浅草寺）が若者の行動に対して重大な関心をもち、これを規制しようとしたのか、第二に、なぜ領主の強硬な詮索にもめげず、名主ら町役人がこれら若者を再三にわたりかばおうとしたのか、という二つの疑問である。

まず第一の疑問から検討することにしよう。『浅草寺日記』によれば、明和七年にはじめて「門前若者共并子共」が登場する。しかも三社祭礼や西宮稲荷祭礼などの節に、寄付を強要する迷惑な連中として記されている。しかしこの時期には、たとえ出銭を渋ったりしても、「子共」と併記されていることからもわかるように、後世のごとく打ちこわしといった過激な仇をなさず、「悪口抔申」す程度であった。したがって浅草寺としても、まだ本腰を入れて対処する段階ではなかった。

これ以後、『浅草寺日記』に若者はしばしば登場する。その多くは、たとえば明和九年（安永元）の三社祭礼のときの三カ町請証文中に、「神輿舁若者共相慎、喧嘩口論不仕」とあるごとく、祭りの際の喧嘩規制に関連していた。しかし祭りの主役は、何といっても神輿をかつぐかれら若者であり、祭りの喧嘩は大目にみられるのが常であった。

寛政改革の際、はでな祭りを制限したため、怒った若者たちが祭りに参加しなかったという話がある。赤坂氷川社の祭礼の話であるが、今までと違って万燈は禁止となり、衣服も質素なものを着るよう厳しく申渡されたので、「若イものハ腹を立、一人も出不申、いづれも中年已上之者計、見苦しき形をいたし出候由、（中略）若ものハ恥候て一向出不申候間、喧嘩ハ無御座候へ共、神慮ニ叶不申哉、みこし持の内一人あたまを打ちこハし、けが仕候もの御座候由」[35]という有様であった。

浅草寺にとっても、とくに神輿持人足を差出す三カ町の若者は大切であった。祭りにおけるかれらのわがままな行動も、かなり許容されていたのである。しかし寛政期になり、境内の楊枝見世や茶見世などへのたかりといった三カ町若者たちの日常的な不法行為のみならず、三社祭礼に事寄せて、町内の遺恨ある家への集団的な打ちこわし行為がしばしば起きるに及んで、浅草寺としてもこれを放置することはできなくなった。

しかも寛政八年の三カ町若者狼藉事件の参加者は、すでに指摘したごとく、ほとんどが店借層または店借層の子弟、あるいは奉公人層であった。こうした町内下層の若者たちが、たとえ祭りに便乗したとはいえ、遺恨ある町内上層の富家を打ちこわしても、何ら法的に罰せられないとなると、かの天明七年五月の江戸打ちこわしと同様の状況を現出することになる。

さらに注目されるのが「若者頭」の存在である。三カ町に三人いたというから、一町ごとに若者頭が一人ずついたと考えられる。若者頭がいたということは、その配下に、ある程度組織だった若者集団が存在していたことを示唆していよう。この時期、こうした若者集団の徒党的行動は弾圧の対象となった。そしてまた、若者頭も否定されたのである。

三カ町の若者頭は、狼藉事件に参加しなかったにもかかわらず、町内の若者たちを世話する立場にある者として、「境内徘徊差留」の処罰をうけた。さらに寛政八年八月二十四日、浅草寺は「御領分御門前惣名主江町内若者頭と申者ハ有之間敷候得共、若《もし》若者頭申者有之候得ハ、三ヶ町若者頭同様之事故、名前書出候様」(36)申付けた。三カ町だけでなく、他の門前町の若者頭に対しても規制を加えたことを知り得よう。

しかしこの時期には、浅草寺だけでなく、幕府もまた江戸の若者の集団的行動に重大な関心を寄せていた。江戸における若者規制の幕法上の初見は、寛政三年のことである。それ以前に若者規制の法令をみることができない(37)。たとえば正保から宝暦までの江戸町触集である『正宝事録』にも、「若者」の語は一切登場しない。寛政三年四月に、寛政改革の一環として幕府は江戸町法の改正を行ったが、左に引用するごとく、この改正町法にはじめて若者への規制文言が登場する(38)。

俗に若いものと唱、むづかしきもの共、町々に有之、祭礼等其外吉凶に付、地主をねだり、或は七月燈籠之節、又は神仏開帳之節納物、且秋葉石尊等参詣之入用、其外宗旨之出会、出家社人の奉加帳につけ候類を地主并地借・店借之もの共迄へ無理に勧め、不得心にて断り候得ば、意趣を含、仇をなし候

すなわち、「若いもの」と唱える者が町々におり、祭礼をはじめいろいろな行事に事寄せて、地主はもちろん地借・店借の者にまで寄付を強要し、断る者に対しては仇をなしたというのである。これに対処して幕府は、その取締りのために通報を奨励し、かれらの報復行為から通報者を守ることを約束している。「俗に若いものと唱、むづかしきもの共」という表現から、これは決して若者個人の行為ではなく、若者仲間に類する集団的な行為であったと推測される。

幕府もそれゆえにこそ看過しえず、その規制にはじめて乗り出したのである。天明七年五月の江戸打ちこわしという苦い経験を有する幕府には、こうした若者の「意趣を含、仇をなし候」行動が、施米・施金や米の安売りを要求して打ちこわし行動にでた蜂起民衆と重なってみえたのである。

ついで寛政十年十月の町触で、祭礼の節新規に幢や烑灯を立てることを禁じたが、その理由は、「大造成幢等拵、

右ニ付ては若キ者共町々より集銭等いたし、出銭断候もの有之候得ば多人数罷越、理不尽ニおよび候」ためであった。[39]ここでも「若キ者共」の寄付強要と、寄付を断った者に対するかれらの集団的な報復行為が問題となっている。寛政改革を主導した松平定信は、寛政五年に老中を解任されたが、松平信明をはじめとするいわゆる「寛政の遺老」が、その後も改革路線を継承している。[40]浅草寺が門前町の若者に対して断行した規制も、以上のような幕府の対若者政策の流れの一環として位置づけることができよう。

つぎに、狼藉事件の吟味過程で、名主ら町役人がなぜ若者たちをかばおうとしたのかという第二の問題に移ろう。この疑問について、すぐ思いつくことがある。その一つは、町役人は若者たちの報復を恐れて、狼藉事件の参加者名簿をすぐには浅草寺に提出せず、また主謀者の名前も明らかにしなかったのではないかということである。もう一つは、事件参加者のなかに家主の子弟が若干名おり、町内上層の同じ仲間である家主が処罰されることを恐れて、領主に非協力の態度を示したのではないかということである。

しかし、いずれも本質的な解答とはいえぬようである。ここでは、町内若者集団の機能のマイナス面だけでなく、プラス面にも着目する必要があろう。たとえば、浅草寺境内の西宮稲荷社に享保十二年十一月の銘のある唐銅鳥居がある。そこに大勢の寄進者が連記されているが、末尾に「総氏子中」と並んで「門前若者中」と刻まれている。同じく同社へ寛延二年八月奉納の石高麗狗にも「若者中」がみえ、さらに時代は下るが、文化四年二月に同社へ奉納した石の玉垣にも、大勢の寄進者と並んで「西仲町・東仲町若者中」と刻まれている。[41]

こうした奉納行為は、若者集団の一つの機能を示していよう。とくに門前町であるだけに、寺社への奉納活動は活発であったと思われる。しかもその活動が、すべて寄進の強要や報復のおどしを伴っていたとは限らない。否むしろ、名主ら町役人にとって、かれらの率先しての行動は非常に頼もしく感じたに相違ない。

また三社祭礼の際、神輿持人足を差出す宮元三カ町の町役人にとっては、とくに町内の若者たちの存在は重要であった。若者たちに祭りへの参加をもし拒否されたら、それこそ中年以上の威勢の悪い祭りになってしまう。三カ町の若者集団には、三社祭礼の主役としての重要な機能があったのである。このほか町役人は、日常あるいは非日常的に若者たちに世話になることが多かった。

若者たちは、寛政の段階ではまだ正式に仲間を称してはいなかった。しかし自然発生的であるが、事実上町内ごとに若者仲間を形成していた。一町ごとに一人の若者頭がいたことが、その何よりの証拠である、ただし若者仲間も若者頭も、幕府は公式に承認していなかった。文化二年八月、町奉行は町々肝煎名主惣代に対し、「若ひ者突合与号、仲ヶ間ヲ拵」え、鎮守祭礼の節に揃いの衣裳をこしらえ、出銭を集めるなどのことをさせぬよう命じている。これは、浅草今戸町家主八右衛門倅徳次郎が、「若ひ者共仲ヶ間を拵」えた事件を機会に仰渡されたものであった。(42)

若者頭は、町内の若者たちを世話する立場にあった。それゆえ、名主らにとって、若者頭に依存するところが多かった。何かもめごとが生じても、若者頭がこれをおさえてくれる。町共同体の日常的な運営にとって、若者頭も若者仲間も欠かせぬ存在であった。前述のごとく、寛政八年八月に浅草寺は門前惣名主に対し、「町内若者頭と申者ハ有之間敷候」と、若者頭への弾圧をはかっている。

まさに町共同体の慣行と、上からの法規制とのぶつかりあいであった。三カ町若者狼藉事件の取調べに対し、名主ら町役人が執拗なまでに若者たちをかばおうとしたのは、町共同体の慣行と、上からの法規制との接点に立って、結局は前者を重視する立場を選んだからに外ならない。こうした名主らの態度は、事件参加の若者を「悪党」とみる領主をして、「却而右悪党ニ荷担いたし候様子、甚以心得がたく候」と嘆かしめた。

三カ町若者狼藉事件の取調べの際、三カ町以外の町でただ一人調書をとられた南馬道町新町与八店の五兵衛に対しても、同町名主庄左衛門は、同人の弁護につとめている。五兵衛は若者頭だけでなく、博奕で入牢した前科者で、しかも常日頃から町方で酒狂のうえ喧嘩口論をする徒らものであったらしい。にもかかわらず、名主は五兵衛を次のように擁護している点に注目したい(43)。

御境内ニ而者只今迄何も徒等仕候儀も無之、近辺之者共口論等仕候節ハ、右取扱抔仕候而却而無事ニ相済セ候儀も御座候、既ニ去卯六月中、御境内水茶屋太四郎方ニ而下谷坂本町長右衛門店善太郎、同所孫七店弥市与申者及口論候節、右一件ニ付町方御懸りニ而入牢人等も有之候程之儀故、寺社御奉行所江御訴ニも可及処、右五兵衛并平次郎与申者両人引請、御境内之儀者無事ニ相済候儀も有之、右ニ付而ハ其後銭壱貫文被下置候儀も御座候

右によれば、名主庄左衛門は五兵衛の悪行より、浅草寺境内におけるかれの善行を強調している。喧嘩好きの徒らものではなく、むしろ境内における喧嘩の仲裁役として貴重な存在であると述べているのである。とくに昨寛政七年六月の境内水茶屋での喧嘩は、寺社奉行所の手をわずらわさなねばならぬほどの騒動であったが、五兵衛はこれをみごとに内済にした。浅草寺にとっても五兵衛のような存在は便利であったらしく、その節褒美として銭一貫文を下賜している。名主は、この浅草寺の痛いところを突いて、五兵衛をかばっているのである。

民衆側には民衆側の論理があり、このようにたとえ公法上の不法者「悪党」であっても、円滑な町共同体の運営に欠かせぬ者である場合は、きちんと町内社会に位置づけていた。ましてや若者仲間や若者頭の存在は、町内運営に欠かせぬものであったろう。

若者仲間は本来、町内における階層差を越えての年齢集団である。しかし狼藉事件でも明らかになったごとく、狼藉する若者のほとんどが店借層や奉公人層であった。若者頭にも、町内上層の子弟に限らず、店借層の子弟もなったのである。当時江戸においては、名主・組頭・家主層といった町内上層と、店借・奉公人層といった町内下層との、階層対立はかなり深刻化していた。若者仲間も、そうした階層対立の一方の拠点となる可能性を十分秘めていた。幕府が寛政期にこの規制に乗り出したのも、そのような危機感をもったからであろう。

しかし若者仲間は、それほど単純なものではなかった。若者仲間は、あくまでも町共同体のさまざまな慣行のう

えに成りたつ年齢集団であり、決して階層集団には純化しなかった。この時期、名主ら町役人は町共同体の円滑な運営を前面に掲げて、若者仲間に対応するとともに、領主の法規制がストレートに町内独自の社会慣行に及ぶのを回避するよう努めた。

おわりに

以上、領主の法規制と民衆の対応を、とくに打ちこわしという民衆蜂起の非日常的な場面、および若者集団の町内社会における日常的ないし非日常的な場面について、具体的に検討した。その結果、民衆は領主側の徒党の禁制に対し、その徒党行動を「祭り」や「喧嘩」といった状況にすりかえることによって、法規制の及びにくい「法外」の空間に置きかえる術を、十八世紀後半には経験的に体得していたことを知り得た。さらにこの時期、領主法の規制対象となった若者仲間や若者頭は、祭りの主役として、あるいは喧嘩の仲裁役として、実は町内社会の円滑な運営に欠かせぬ存在であった。こうした民衆側の現実は、たえず法規制を無効化する要素をはらんでいたのである。

文化期に武陽隠士が著した『世事見聞録』には、「御法度も、天下の御触れ三日切りといふ事になりて、誰あつて恐るるものもなく、守るものもなし。（中略）その時限りにて皆棄り、殊に余り御法度の数多くなり行く故に、奉公頭人始め、以下役人とても逸々覚え居ること能はず。僉議筋にて入用の時は、記録を繰り出して知る事なれば、下賤のものは知らざるも道理、守らざるも尤もなり。殊更御法度を用ひては、片時も立ち行き難き今の世の振合ひなれば、たとひ覚へ弁へ居るとても、守らざる也」とある。

右は、俗に「三日法度」という民衆の法意識を解説しているが、今の世は法度を尊重していては、一時たりとも世を渡ることはできぬという引用文最後のくだりは、とくに印象が深い。

注

(1) 林基「宝暦―天明期の社会情勢」(『岩波講座日本歴史』近世4所収)、中井信彦『転換期幕藩制の研究』、佐々木潤之介『幕末社会論』など参照。
(2) 「鴨の騒立」(『日本庶民生活史料集成』第六巻、五二七〜五二八ページ)。
(3) 明和七年四月の密告奨励の高札(『御触書天明集成』八九一ページ)。
(4) 木村礎「逃散と訴」(『岩波講座日本歴史』近世2所収)。幕府の明和六年二月令によれば、「諸国百姓ども願之筋有之候ハ、名主村役人等を以定法通り可相願儀候処」云々とある(『御触書天明集成』九〇二ページ)。
(5) 「玉くしげ別本」(『日本経済叢書』巻一六、一九〜二三ページ)。
(6) 林基前掲論文。『御触書天明集成』八九一ページ、九〇一〜九〇五ページ。
(7) 南和男『幕末江戸社会の研究』、拙稿「天明の江戸打ちこわしの実態」(徳川林政史研究所『昭和四十五年度研究紀要』所収)。
(8) 青木虹二『百姓一揆総合年表』参照。
(9) 「後見草」(『燕石十種』第一、四五五ページ)。
(10) 国立公文書館内閣文庫所蔵「森山孝盛日記」天明七年五月廿一日の条(『日本都市生活史料集成』第二巻、一四六ページ)。
(11) 「蜘蛛の糸巻」(『燕石十種』第一、五八五ページ)。
(12) 「親子草」(『新燕石十種』第一、四六ページ)
(13) 国立史料館所蔵「去年五月廿日以来町々米屋其外打壊及狼藉候者共御仕置奉伺候書付下書」(『編年百姓一揆史料集成』第六巻、二四五〜二五二ページ)。
(14) 前掲注(10)参照。
(15) 東京都立中央図書館所蔵「天明七年丁未五月米穀払底ニ付江戸騒動之次第」(南和男『幕末江戸社会の研究』参照)。
(16) 平松義郎「近世法」(『岩波講座日本歴史』近世3所収)
(17) 「翁草」(『日本随筆大成第三期』第二二巻、一八〇ページ)。
(18) 池上彰彦「江戸の火災」(西山松之助編『江戸町人の研究』第五巻所収)。
(19) 『御触書天保集成』下、七四三ページ。
(20) 『大日本近世史料・市中取締類集一』四七〜四八ページ。

(21)『浅草寺志』下巻、四〇三ページ。しかし本祭礼は、火災・飢饉などいろいろな事情で必ずしも隔年に行われなかった。たとえば安永二年、四年、六年、八年の四回、本祭礼は行われていない。
(22)『浅草寺日記』第六巻、五二五～五二六ページ。
『浅草寺日記』は、浅草寺所蔵の江戸時代における浅草寺寺中の日並記録である。寛保二年(一七四二)から慶応四年(一八六八)に至る一二七年間の詳細な日々の記録で、冊数は三〇〇部余にのぼる。現在文久元年まで三〇巻続刊中(吉川弘文館)。
(23) この三カ町は浅草寺領の仏供田(田三十三町八反六畝二十三歩、畑五町五反三畝歩)を預り、その年貢米を浅草寺に上納していた(網野宥俊『浅草寺史談抄』七一七ページ)。
(24) 前掲注(22)参照。
(25)『浅草寺日記』第一巻、六一五ページ。
(26) 右同書第二巻、二九六～二九七ページ。
(27) 右同書第三巻、四四一ページ。
(28) 右同書第三巻、七一五ページ。
(29) 右同書第七巻、六六六ページ。
(30) 右同書第八巻、一五六・四一〇・六六一ページ。
なお寛政九年正月二十八日に、浅草寺はあらかじめ三カ町の名主らに対し、神輿渡御が無事に行われるためにはどのような方策があるか、意見を徴している。
(31) 白張・烏帽子とも六〇人前を新調(一人前代銀二〇匁二分)、三〇人前を洗張(一人前代銀五匁二分)している。この際、合計銀一貫三五八匁(此金約二三両)を浅草寺は支出した。
(32)『浅草寺日記』第二巻、二九五ページ。
(33) 以下、本節で引用する史料はとくに断らない限り『浅草寺日記』第七巻(六六三～六八六ページ)より引用。
(43)『浅草寺日記』第八巻、一四五・一五二～一五四ページ。
(35)「よしの冊子」(『随筆百花苑』第九巻、三一三ページ)。
(36)『浅草寺日記』第七巻、六九七ページ、
(37) あえてそれ以前を探せば、若者仲間的な行為の規制として、「水あびせ」や「石打ち」の禁令がある(多仁照広『若者仲間の歴史』参照)。なお浅草寺門前町の場合を含め江戸の若者仲間の実態については、遺憾ながらほとんど不明である。

(38) 『日本財政経済史料』巻七、七七二ページ。
(39) 『御触書天保集成』下、七一四〜七一五ページ。
(40) 拙稿「寛政改革」(『岩波講座日本歴史』近世4所収)
(41) 『浅草寺志』上巻、三六八・三七二・三七九ページ。
(42) 多仁照広『若者仲間の歴史』一一二ページ
(43) 『浅草寺日記』第七巻、六七二〜六七三ページ。

第二章　江戸の美意識「いき」
――吉原と深川――

第一節　「いき」意識の変遷

「いき」は、江戸時代に都市江戸で成立した美意識である。では具体的に、「いき」とは何か。こう正面切って理詰めに問われると、人それぞれにニュアンスの違いもあり、にわかに答えにくい。「野暮の反対語」とか、「気持や身なりのさっぱりとあかぬけしていて、しかも色気をもっていること」（『広辞苑』）と、仮に辞典的に答えたところで、具体的イメージがわいてこない。

「いき」を漢字で書けば、現在は粋であるが、もともとは意気が多かった。江戸時代には、この粋・意気のほかに、趣向・当世・好風・好意・好漢・好雅・風雅・通人・程・秀美・花美といったさまざまな漢字があてられた。「いき」という語の内容の深さと広さを、これら多様なあて字からうかがうことができよう。なお「粋」という字を、「いき」と訓まずに「すい」と訓むと、人情・色ごとなど諸事に通じるという意味の「通」にちかくなり、「いき」とはニュアンスがかなり違ってくる。洒落本『虚実柳巷方言』にも、通は「粋《すい》のあづまなまり也」とある。

ともあれ、江戸時代にさまぎまな漢字をあてて「いき」と訓ませたことからも推察されるように、「いき」という美意識は決して固定的なものではなかった。

安永八年（一七七九）の洒落本『大通法語』に、「趣向《いき》といふ事は俗にゑゝ、思ひつきといふ義也」とあり、「いき」は新趣向を考案する知恵の意であった。新趣向だから当世風であり、それ故当時は、先述したように「当世」と書いて「いき」と訓んだりした。

幕末の『守貞漫稿』にも、「俗間ノ流行ニ走ル者ヲ京坂ニ粋ト云。江戸ニテ是ヲ意気ト云」とある。流行の先端をゆく当世風の自負が、「いき」という美意識のなかにこめられていたことを、あえて指摘しておきたい。

天明四年（一七八四）の洒落本『彙軌本紀《いきほんぎ》』は、江戸の流行風俗を網羅し讃美したものである。書名の「彙軌」は、もちろん「いき」に掛けている。この書の跋文に、「およそ大なるもの天下に三つ。西京《きょう》に堂塔伽藍あり。浪《おお》花《さか》に交易運遭あり。智恵と胆気《きも》とに至つては、東都《えど》を除けてまた何れの国にあらんや」とある。すなわち江戸の流行風俗は、いきな江戸人のすぐれた「智恵と胆気」によって成立しているというのである。呑み込みの早さと思い切りのよさ、これが流行に敏な江戸人の気質であり、特徴的な生活スタイルでもあった。「いき」はやはり、その時その時の「当世」風の美意識であった。

このように江戸人は流行を追うことが早く、ものに執着せずさっぱりした気性をもっていた。朋誠堂喜三二の随筆『後は昔物語』にも、「物の流行は、江戸は足早く、京都は足遅し。十年跡に京に登りて見たるに、帯の幅せまき、笄《こうがい》の長き等、江戸にてむかし流行せし事、そのままに有る」と、京都の保守性や始末のよさと比較しながら、江戸の流行の早さを指摘している。

そうした江戸の流行をリードした有力な発信源は、遊里であり、とりわけ当初は吉原であった。吉原でさかんにもてはやされた風俗や音曲は、たちまち江戸市中に流行し、それがまた各地にひろがっていった。

その一例を、「潮来節《いたこぶし》」の伝播の仕方にみよう。潮来節は、十八世紀の後半つまり田沼期に、吉原を中心に江戸で大流行した俗謡である。当時これがあまりにも流行したので、「いたこ」といえば、すなわち流行唄《はやりうた》を意味したとさえいわれている。固有名詞が普通名詞化したというのである。

潮来節の元唄は仙台地方の舟唄で、それが利根川下流にある霞が浦東端の潮来に伝わり、有名な「潮来出島の真菰《まこも》の中に、あやめ咲くとはしをらしや」の歌詞に代表される潮来節となった。

この潮来節が、前述したように田沼期に吉原に伝わり、そこで洗練されて江戸中の流行唄となった。歌詞も、「須磨や明石のしほやき衣、きてはないたりなかせたり」など、いきなものが数多くつくられた。

やがて化政期になると、潮来節は江戸から越後小千谷に伝えられた。今日、小千谷の郷土芸能「巫女爺《みこんじさ》」の伴奏音楽として伝承している潮来節がそれである。このように潮来節は、仙台→潮来→吉原（江戸市中）→小千谷というルートで伝わっていった。

この文化伝播のルートは、商品流通のルートと密接な関係があった。仙台など東北地方の米が江戸に運ばれる場合、江戸前期は銚子から利根川を遡行して江戸に至るコースが主だったので、その中継のリバー・ポートである潮来が繁栄していた。仙台あたりの舟唄が潮来に伝わる必然性がそこにあった。さらに関東醤油・関東木綿の生産の活発化など、田沼期の関東地廻り経済の展開にのって、潮来節は江戸に伝えられ、やがて大流行することになる。そして化政期には、小千谷の縮商人がさかんに江戸で販売するようになり、江戸の流行唄を小千谷に持ち帰って郷土芸能に取り込んだのである。商品流通の展開にともなって、唄が移動していくようすが、よく理解できよう。

ともあれ潮来節は、江戸に伝わるまでは田舎節であったが、吉原でしっかりと洗いあげられ、江戸の代表的な流行唄になった。江戸の流行の発信地・吉原の面目躍如たるものがあった。

第二節　洒落本『遊子方言』と『辰巳之園』

遊里を題材とした短編風俗小説である洒落本は、十八世紀後半の江戸で生まれた。洒落本は、遊里での一昼夜の遊興を、時間的展開にしたがって描くなど、遊里独特のしきたりや風俗を教えてくれる、遊里遊びの教科書のようなものであった。

明和七年（一七七〇）刊といわれる『遊子方言』は、こうした形式・内容の洒落本を成立させる画期となった作品である。話は三四、五歳の自称通人（実は半可通）と二〇歳ぐらいの純真な青年とが吉原に遊びに行き、きざな通人はふられ、通人から野暮だと笑われた青年の方がもてるという筋である。

次に引用する文は、通人が青年に対して、吉原に行くスタイルを説いたセリフである。

それに付ても、あつたら色男が、形《なり》や作りがどふもさへぬ。吉原へはいる形じやない。とかく吉原は黒仕立がよい。髪がとんだやぼだ。どれぞもう五分ほど根をあげて、はけさきを、すつと、ひつこきとしたい。額をもう多くの事ッちやないが、もう五六分、ぬきあげて、どふぞ形や何かを、ゐきにさつしやい。（傍点引用者、以下同）

右の通人の言葉によれば、当時流行の先端を行く吉原通いの「いき」な着物や持ち物の色の基調は黒である。そういえば通人自身の身なりも、「黒羽二重の紋際もちとよごれし小袖」であった。

髪型は、中剃りを大きくして髷を細く高くした本多髷が「いき」とされた。『遊子方言』の別の箇所での通人のセリフにも、「本多のいきに見へるやつは翌助といふやつだ」とある。もっとも同じ本多でも、いろいろな型の本多髷があった。

明和七年刊の『辰巳之園』は、江戸の岡場所深川をはじめて対象にとりあげた酒落本で、『遊子方言』とならんで酒落本を江戸に定着させた画期的作品である。

ここに登場する通人の身なりは、「芸者八丈の羽織に、黒繻《つむぎ》の小袖、八丈代り縞の下着、八反掛の立横縞の帯、鼻紙袋小菊三ッ折、丸角やが骨折の利休形、髪は本多にあらず、茶洗坊にあらず、出ず入らずの男女好《いきちよん》と結」云々とある。

ここでも「黒繻の小袖」と、黒色が強調され、羽織や下着や帯の柄は縞柄である。鼻紙袋は、当時有名であった日本橋本町二丁目の袋物屋の丸角屋次郎兵衛のものが「いき」とされていた。『遊子方言』にも、「丸角ゐあつらへておゐた花がん袋がある。とんだゐきなきれだ」とある。

髪型は、普通の本多髷でもないし茶筅髷でもない。ちょうど程よい位置に髷を結った「いきちょん本多」と呼ばれた本多髷の一種である。これが「いき」だったのである。

「男女好」と書いて「いきちょん」と訓ませている点に注目したい。「いきちょん本多」は、男にも女にも好かれる髪型、つまり「いき」な髪型という意であろう。「いき」という語の基底には「好ましい」という意味が絶対条件としてあったのである。

『辰巳之園』の末尾に「通言」という項があり、遊里深川特有の言葉を集めて解説している。たとえば「上総木綿　ぜうのなき客を云」（上総木綿は丈の短いことから情のないにかけた）、「ちやら　うそつく人になぞらへて云」などである。

その中に、「いきな男　男にかぎらず、すいたと云事」というのがある。「いきな」とは「好きな」と同意であり、いきな男のみならず、いきな女などともいったという。これは、十八世紀後半における遊里深川での独特の用語であった。「いき」という美意識を、直接的に男女間の関係に据えた時、それは単なる身なりとか髪型という形に表わされたものより一歩突っ込んで、好きな男とか、好きな女という心象を、いきな男とか、いきな女という言葉で表現したのである。

以上、同じ明和年間の洒落本『遊子方言』と『辰巳之園』にみえる「いき」について考察してきた。前者は吉原、後者は深川を舞台にしている。

『遊子方言』は、吉原に通う通人の身なりや振舞いに「いき」をみる。色調は黒仕立て、髪型は本多髷が「いき」だという。いってみれば、結構はでなスタイルである。いずれも流行の最先端を行くものであり、流行遅れのスタイルは「やぼ」となる。

また、「いき」になるためには、「会へちッと出るやうにしたい」というセリフがあるように、当時流行した音曲・遊芸・俳諧などの会に出ることをすすめている。それは自身の教養をみがくという意図もあったであろうが、一面では、流行しているものにはとにかく乗り遅れぬ生き方が、「いき」と認識されていたようである。

これに対して『辰巳之園』では、同じく通人の「いき」な身なりを描写しているが、むしろ、「いき」だから好きになるという男女間の気持を表わすところに重点が置かれている。好きな男のことを遊里深川の通言では「いきな男」といった。「いき」という美意識の根底には、このように相手に対して好感を与える内容があった。

洒落本では、多くは平仮名で「いき」または「ゐき」と表現しているが、のちの人情本になると、さまざまなあて字が用いられた。その中で好風・好意・好漢・好雅など、好のつくあて字が多いのも、「いき」のそうした内容から当然といえよう。

『辰巳之園』の「自序」には、「吉原に意気地あれば、此土地（深川）に達引《たてひき》有」と吉原の遊女と深川の遊女の気質を比較している。達引とは、意気地をはり合うことであり、吉原の遊女は意気地はあっても、深川の遊女のように、はり合うことはしないというのである。同じく「自序」に、「吉原の位あつて静也ル遊び」とあるように、吉原はどこか上品でおっとりしていた。

第三節　吉原から深川へ

安永七年（一七七八）刊の『淫女《けいせい》皮肉論』によれば、「ふか川はよし原の、ぼつとりとした風におよばず、よし原はふか川の、しゃんとしたいきにいたらじ」とある。深川の遊女は吉原の遊女より、「はり」があって「いき」だったのである。寛政十年（一七九八）刊の洒落本『傾城買二筋道』にも、吉原の遊女と客の間でこんな会話をしている。

すま　むごひ事ばつかりいゝなんす。ほんとうわね、深川にいゝした。
五郎　なに深川にいた。どふりで。
すま　人がわるいといゝなんすのかへ。
五郎　イヤいきだといふ事よ。

このように十八世紀後半には、深川の遊女の方が吉原のそれより「いき」だという通念が生まれたようである。吉原も「いき」であったが、「たてひき」つまりはり合うことがなかったので「しゃんと」していなかった。
ただし遊里に通う客といえば、吉原通いの通人たちの身なりや振舞いに、「いき」の典型をみている。『傾城買二筋道』に、「客は三十一、二、甚不《ぶ》男《おとこ》、背中に縁のある顔（遊女にふられそうな容貌）なれども、万事いきにして如才なき通人なり」とあり、遊女に好かれるタイプではないが、万事流行の先端をきっちりときめこんだ身なりを、「いき」と称している。

流行はたえず変わるものである。十八世紀後半に吉原でもてはやされたこうした通人タイプの客は、やがて「いき」ではなく、「やぼ」となる。深川に一歩先んじられていたとはいえ、やはり「いき」であった吉原の遊女も、十九世紀に入ると、明らかに「やぼ」となった。この間の事情を、幕末期の喜多川守貞著『守貞漫稿』が明快に語ってくれている。

吉原ハ万事風俗淳ク、俗ニ云野暮ナル故ニ、天保前当世風ノ客ハ深川ヲ良トスル也。深川ハ華奢ニテ俗ニ云意気ナル習風故ニ、当世風ノ客ハ当所ノ遊ビヲ良トスル也。特ニ吉原ハ江戸中央ヨリ道遠ク、深川ハ近シ。（中略）昔ハ吉原遊女張強ク、心ニ応ゼズ又ハ気障ト云テ何欤心ニ服ザルフルマヒ等アレバ、屢々フリシ也。近年ハ張弱ク、フル事稀也。深川等ノ遊女、近世モ張強ク、聊ノ事ニモ心ニ応ゼザレバフリシ也。

右によれば、吉原の風俗は野暮であり、深川の習風は意気であった。深川は流行の先端を行ったので、当世風の客が深川を好んだのである。しかし昔は吉原の遊女も張りが強く、深川の遊女と同様、気に食わぬ客はいかに金を積んでもふったのである。それはおそらく、田沼から寛政期までのことであろう。つまり、かつては吉原も意気であった。その背景として、当時は吉原が流行の発信地だったからである。流行の発信地でなくなると、吉原は野暮になった。

化政期から天保期にかけて、遊里深川の風俗は完全に吉原を抜いて流行の魁《さきがけ》＝発信地となった。為永春水の人情本『春色梅児誉美』巻之九には、「嗚呼《ああ》此土地（深川）の風俗たる、意気と情の源にて、凡《およそ》浮世の流行を、思ひ辰巳の伊達衣裳、模様の好《このみ》染色も、実《げに》婦多川（深川）が魁にて」（カッコ内は引用者が付した）とある。

したがって、深川には「誠に好風《いき》な女ばかり居る」（『春告鳥』巻之三）のであり、深川は「趣向のいきなるや、意気張《いきはり》強き恋路のたてひき」の場であった。「いき」は遊里を舞台としたが故に、異性間の媚態を基礎とする美意識として、とぎすまされていった。

九鬼周造著『「いき」の構造』（昭和五年、岩波書店刊）によれば、「いき」とは、媚態と意気地と諦めの三契機から成り立っており、「垢抜して（諦）張のある（意気地）色っぽさ（媚態）」と定義している。

まず「いき」な身体的表現として、湯上がり姿、うすものを身にまとう、姿が細っそりして柳腰、丸顔より細おもて、流し目、微笑、薄化粧、略式の髪、水髪、抜き衣紋、素足、手を軽く反らせたり曲げる、等々の事例を指摘し、それぞれについて論じている。

たとえば湯上がり姿であるが、為永春水の人情本『春色辰巳園』巻之三の、「いつも立寄《たちよる》湯帰りの姿も粋《いき》な米八《よねはち》が、垢抜したる糠袋口にくわへて、抱たる浴衣《ゆかた》も京藍二重染」という米八の湯上がり姿を、具体的に例示している。

また「いき」な模様とは、幾何学的図形、とくに平行線によって表現されるとし、縞《しま》模様、それも横縞よりも縦縞の方がいきだと述べている。これに対して唐草模様のような曲線模様や、大げさな絵画的模様は、いきの世界からは甚だ縁遠い。

『春告鳥』巻之八に、「上着は媚茶《こびちゃ》の三升格子の極《ごく》こまかき縞の南部縮緬、下着は琉球紬《つむぎ》二ッ、羽織は唐桟《とうざん》のおとなしきごまがら縞、帯は筑前の紺博多、しかも一本どッこなり。その外《ほか》、持もの懐中もの、これにじゆんじて好《い》風《き》なることと知りたまふべし」とある。縞模様はいきなのである。

さらに「いき」な色彩とは、第一に深川鼠・銀鼠・藍鼠・漆鼠・紅掛鼠などの灰色系統、第二に黄柄《きがら》茶・焦《こげ》茶・媚《こび》茶・千歳茶・鶯茶・煤竹《すすだけ》茶・丁字《ちょうじ》茶・素海松《すみる》茶などの褐色系統、第三には紺色・藍色・木賊《とくさ》色・御納戸《おなんど》・江戸紫などの青色系統であり、この三系統のいずれかに属する色がいきだとしている。

『春告鳥』巻三之八に、「紬を御納戸と媚茶と鼠色の染分《そめわけ》にせし五分ほどの手綱染《たづなぞめ》の前垂《まえだれ》」その他のことを記した後、作者の為永春水曰く「モシ、好風《いき》なこしらへでございませうネ」とある。御納戸は青色系統、媚茶は褐色系統、鼠色は「深川ねずみ辰巳風」などといわれるように灰色系統で、この三系統の色が春水によって「いき」だと認定されている。

以上、九鬼周造の「いき」に関する論旨と、その論拠を若干紹介した。ここで注目すべきは、その論拠のほとんどが、深川を舞台にした人情本に拠っているという点である。

田沼期に、吉原通いの通人たちによって「いき」な色とされた「黒仕立て」は、化政期以降の深川では、「いき」な色からはずされている。通人たちがきっちり油できめた本多髷も、男性と女性の髪の違いとはいえ、油抜きの水髪に「いき」を求めるように変化している。

おわりに

このように「いき」という美意識の内容も、時代とともに変化した。幕末の紀州藩士の江戸見聞記『江戸自慢』には、「いき」な江戸女性を次のように描写している。

女は色白く、首筋と足とは格別奇麗にて、これを自慢か寒中も足袋を用いず。いづれも男の如く外八文字ゆゑ、尻小さく、真の柳腰にて、後ろ姿を見ば武蔵坊も二度の念を起こすにや有らん。多く下駄をはき、雪踏裏附をはくは少し。足の達者なる事、飛脚も降参すべし。衣服も至て此地味にて、紺縞藍小紋など眠り目なる用ゆ。夏とても、地白小紋・白縞など一切着しものなし。髪は油を附けず、洗いなりにて引つけの丸髷云々。

ここに描かれているのは、遊里などの、ある特定の女性ではなく、一般論としての江戸市井の女性である。色白で首筋と足がきれいで柳腰、素足の下駄で歩く姿は、男のように外八文字なので、柳腰がぴしっときまって色気をそそり、着物の柄は縞か小紋、色は紺か藍ではでではなく、髪も油をつけず水髪の略式というのが、この著者のみた江戸女性の特徴であった。

この『江戸自慢』に描かれた「いき」な江戸女性と、前記の九鬼周造の「いき」論とを照合したとき、符合するところきわめて多く、九鬼の分析の鋭さと確かさに、今更ながら驚かされる。半世紀余を経てもなお名著と賞される所以である。しかし、さすがの九鬼も指摘していない点が、『江戸自慢』にはある。八の字を外側に向って書くように颯爽と歩く江戸の女性は「いき」だという点である。しかも江戸の女性は、飛脚よりも健脚だというのである。

「いき」という美意識は、たしかに遊里を舞台に展開したのであるが、幕末には、江戸っ子の日常的な生活スタイルにしっかりと根をおろし、「飛脚も降参」するほど活発で健康的な内容をもつ美意識に昇華されたものと思う。「いき」という美意識は、遊里文化の所産ではあったが、やがて江戸の生活文化のなかに重要な位置を占めるようになったことを指摘して擱筆したい。

第三章　江戸っ子と初鰹

第一節　初鰹の値段

目には青葉　山ほととぎす　初かつほ

松尾芭蕉と親交のあった山口素堂の句。さわやかな初夏の雰囲気が、あふれるように伝わってくる。次に紹介する江戸川柳は、この句をもとにしている。

山の手は　喰はず下町　まだ聞かず

山の手では、ほととぎすの初音《はつね》を聞いたが、初鰹はまだ食べていない。一方下町では、初鰹は食べたが、まだほととぎすの鳴声を聞いていない、というのである。江戸時代には、同じ江戸のなかでも、山の手と下町とでは、季節の訪れ方が微妙に異なっていた。地域による、その僅かな季節の差を、この川柳は洒脱に詠んでいる。

江戸っ子は、その初鰹をいち早く食べることを誇りとした。初鰹は、おもに伊豆、相模《さがみ》、安房《あわ》の浦で釣り上げられた。芭蕉の句に、「鎌倉を生きていでけん初鰹」というのがある。鎌倉は、相模の浦の一つである。

のちに大田南畝《なんぽ》は、この芭蕉の句をうけて、「かまくらの海より出しはつ鰹　みなむさし野のはらにこそいれ」という狂歌をつくった（「四方のあか」『大田南畝全集第一巻』所収）。武蔵野の〝原〟を、江戸っ子の〝腹〟にかけたところが、この狂歌の味噌である。それにしても、〝みな〟江戸っ子の腹に入ったというところに、初鰹の超人気ぶりがうかがえよう。

南畝は前記の狂歌に続いて、「人と名所はふるきをもとめ、肴《さかな》と器物《うつはもの》はあたらしきをもとむ、卯月ばかりの初がつを、皿にもりたるいきほひは、鯛もひらめも鱸《すずき》も、首尾をおそれて鱗を正し、ひれふしてこそみえにけれ」(「四方のあか」)と、四月の初鰹がいかに珍重されたかを、洒脱に述べている。ふだんなら鰹よりずっと高級魚の鯛も平目も鱸も、みなひれ伏しているようにみえるという表現が面白い。

さらに南畝は、酒の肴に鰹を賞味するに至ったへ理屈を左のように記している。

むかし天文六年の夏、北条氏綱すなどりを小田原につらぬ。鰹おどつて舟に入る。氏綱勝負にかつをと称す。おなじき七月十五日、上杉朝定と戦て利あり。しかしよりこのかた、諸士戦場の門出に、専ら鰹を食ひしとなん。いま太平の御代にあひて、武をわすれざる左きゝども、庖丁のきれ味をこゝろみ、からしのかけ引、大根おろし、さしみのさしもの箸とりて、酒のたゝかひ必かつうを、尤に納屋《なや》の商人に利あり。

ここに鰹の香辛料として、辛子とか大根おろしが挙げられているが、とくに初鰹には辛子がよかったらしい。いわゆる絵島生島《えじまいくしま》事件(一七一四)で、八丈島に流された生島新五郎は、二代目団十郎にあてて「初鰹辛《から》しがなくて涙かな」(『東都一流江戸節根元集』)という一句を送った。それに答えて団十郎は「其からしきいて泪《なみだ》の鰹かな」と返事を送ったという。このやりとりから、当時江戸では初鰹に辛子は付きものであった様子が窺える。

大田南畝の時代といえば、明和・安永・天明・寛政という十八世紀後半の時代である。初鰹を賞翫《しょうがん》する風習は江戸初期からあったが、初鰹に対する極端な過熱ぶりは十八世紀後半に入ってからである。

幕府の医官であった喜多村香城《こうじょう》の江戸回想記『五月雨草紙《さみだれぞうし》』によれば、安永・天明頃の話として、「奢侈《しゃし》の人の賞翫するに、魚屋の持来るを待てば、其品すでに劣るとて、時節を計り、品川沖へ予《あらかじ》め舟を出し置き、三浦三崎の方より鰹魚《かつお》積みたる押送舟《おしおくりぶね》を見掛け次第、漕《こぎ》寄せて、金壱両を投げ込めば、舟子は合点して、鰹魚一尾を出すを得て、櫓《ろ》を飛して帰り来る。是を名付けて、真の初鰹喰と云へり」とある。

魚屋が持ってくるのは、すでに鮮度が落ちているというので、みずから品川沖まで舟で出買いをするという話である。これぞまことの初鰹喰いと称された。値段は初鰹一本、金一両とある。金一両が現在の値段でいえばどのくらいに相当するのか。そう簡単に計算できるものではないが、米一石が金一両であったことを根拠に、あえて大胆に計算すると、金一両は現在のほぼ八万円ぐらいとなる。人より少しでも早く入手し、賞味することを江戸っ子の見栄としたのである。その際、値段には頓着しなかった。

初鰹　そろばんのない　うちで買《かい》

解説無用の明解な江戸川柳である（『絵入柳樽《やなぎだる》』）。また山東京山の『蜘蛛《くも》の糸巻《いとまき》』によれば、「天明・寛政の頃は、初鰹といへば甚《はなはだ》価《あたい》尊《とうと》く、日本橋へ初船著《つ》きし日は、年によりて鰹一本、価金三両をもて換《か》へし」とあり、初鰹一本に金三両という高値の時もあった。

また大田南畝の『壬申掌記《じんしんしょうき》』によれば、文化九年（一八一二）三月二十五日に、江戸日本橋の魚河岸に初鰹一七本が入荷した。早速、幕府に六本が上納されて、残りは山谷の料理茶屋八百善、その他に売られた。値段は一本につき金二両一分であった。このとき、歌舞伎役者の中村歌右衛門は、新場の魚屋から一本を金三両で購入した、と記されている。これも、先の『蜘蛛の糸巻』の記事と同様、初鰹が一本金三両であった。

しかしもっと高値の時があった。文政六年（一八二三）三月十五日のこと、やはり日本橋の魚河岸に初鰹一四本が水揚げされた。早速、幕府に初鰹入着の届けを出し、幕府に半分の七本を上納した。その残りのうちの一本を、料理茶屋八百善が金四両で買ったというのである。

これは江戸文学研究家として著名な尾形仂《いさお》氏が紹介した北条霞亭の手紙に記されており、おそらく文献上にみられる初鰹の値段の最高値であろう。

先ほどの計算からすると、初鰹一本に三二万円という馬鹿げた数字になる。

もっとも幕府とて、初鰹をただで上納させたわけではない。幕府納魚の本途《ほんど》値段といって、生魚の価格表があり、鯛なら一尾につき銭六四八文（全長一尺五寸以上のもの）で買い上げた。市場に出す値段より、ずっと安い値段であったことは申すまでもない。

では幕府が買い上げた初鰹の値段は、いくらであったか。初鰹一本につき、銭二貫五〇〇文とあるから立派なものである。鯛の値段の四倍である。しかも先の文化九年三月二十五日の場合、幕府は特別に二割増値段の銭三貫文で買い上げた。

江戸後期の銭相場は、金一両につき銭六貫文〜七貫文を推移していたから、銭三貫文はおよそ金一分三朱〜金二分である。金二分は金一両の半分であるから、これも現在の価格に直せば約四万円ということになる。幕府も初鰹だけは江戸っ子にならって相当気張った値段で買い上げていた。

もちろん、これは初鰹の値段であって、二度目の鰹の納入からは、幕府の値段もどんどん減額し、最後は銭一〇〇文であった。一般の市場価格も同様であった。盛漁期になると、鰹一本につき銭二五〇文に値下がりした。これも、現在の価に換算すると、およそ三〇〇〇円となる。

現代では、初鰹より脂ののった戻り鰹の方がうまいといって喜ぶ人も多いが、江戸時代には、戻り鰹を〝古背《ふるせ》〟といって、歯牙にもかけなかったようである。値段は安く、初鰹と比べようがないほどの、天地ほどの差があった。

江戸っ子が好んで食べた魚に〝江戸前《えどまえ》〟ものがあった。深川の洲崎辺りから、芝浦・品川沖にかけての江戸湾でとれた魚である。すぐ目の前の江戸湾でとれた魚だから、何よりも新鮮であった。江戸前のうなぎは、まさに本場ものであった。

白魚は十一月になると江戸湾の佃島《つくだじま》辺りで、夜にかがり火をたきながら四つ手の網ですくった。また、旧利根川でも投網による白魚漁が行われていた。

このように、江戸の食通たちがいわゆる本場ものや、旬《しゅん》の物を愛好したのはもちろんであるが、初物とか〝走りもの〟に対する執着は、ことに旺盛であった。初なすびとか、初白魚といった初物を非常に好んだ。

とくに初鰹好みは、いささか過剰といえるが、旬にさきがけた走りものを珍重する江戸の風習にあって、鮮度を何よりも売りものにする初鰹が、初物の代表として、江戸っ子の〝宵越しの銭は持たねえ〟という気質を大いにふるい立たせたのであろう。

なにせ江戸っ子は、「江戸っ子の生《うまれ》そこない金をもち」といわれるのを恥とし、「江戸っ子の妙《たえ》は身代《しんだい》つぶすなり」を誇りとする気質であった。金ばなれがよくて、「いき」と「はり」に生きた江戸っ子にとって、初鰹はその本領を発揮する格好の対象になったものと思われる。その背景には、祭りに金をかけると同じような、江戸っ子の美意識があった。

第二節　初物七十五日

初物は、江戸の人々がもっとも楽しみにしたところであった。盛りの季節に先がけた、いわゆる〝走り〟の穀物・野菜・果物・魚・鳥の新鮮な味と香り、少々ぐらい値段は高くとも競って食べる、そんなぜいたくを楽しみに、常日頃から稼ぎに精を出したのが江戸住民である。

しかし、江戸幕府は、高値の初物が物価騰貴につながるのを心配した。また奢侈をおさえなければ風俗統制が徹底しない。

そこで幕府は、すでに元禄以前に野菜・魚鳥類の売買禁止の月（旧暦）を定めた町触（貞享三年五月、『江戸町触集成』第二巻）を出している。初物の出荷が早くならないよう、販売の時期をおさえたのである。

たとえば、生しいたけは一月から、つくしは二月から、わらび・たで・葉しょうが・根芋は三月、なす・竹の子・びわは四月、やまもも・白瓜は五月、真桑瓜・ささげは六月、りんごは七月、梨・松たけ・ぶどうは八月、御所柿・みかんは九月から、それぞれ販売すべしというのである。

また魚鳥類は、鱒が一月から、あいぐろは三月、鮎・鰹は四月、しぎは七月、なまこ・鮭・雁は八月、鴨・きじ・つぐみは九月、あんこう・生鱈・まて（貝）は十一月、白魚は十二月から売買せよと定められた。

しかし、こんな町触程度では江戸住民の初物好みは止まらなかったらしい。幕府はくり返し同じ趣旨の禁令を発しているが、それは、この禁令が守られなかったことの何よりの証拠である。

江戸後期には、江戸っ子の初物好みが一層激しくなった。幕府は天保十三年（一八四二）四月に、次のような禁止令を発している（『江戸町触集成』第一四巻）。今日の温室促成栽培や魚類の養殖の原型が、すでに江戸時代にあったことを示す興味ある町触なので、長文をいとわず引用しよう。

野菜物等、季節いたらさる内、売買致間鋪旨、前々より相触候趣も有之処、近来初物ヲ好み候儀増長致、殊更料理茶屋等ニ而は競合買求、高直之品調、料理致候段不埒之事ニ候、譬は、きうり、茄子、ゐんけん、さゝけ之類、其外もやし物と唱、雨障子ヲ懸ケ芥ニ而仕立、或は室之内江炭団火を用養ひ立、年中時候外レニ売出候段、奢侈ヲ導く基ニ而、売出し候もの共も不埒之至候間、以来もやし初物と唱候野菜類、決而作出申間敷旨、在々江も相触候条、其旨存、堅く売買致間敷候、尤魚類之義は自然と漁猟ニ而売出候義は格別、人力ヲ費、多分之失脚ヲ懸、飼込仕立置、世上江高価ニ売出し候儀は、是又堅く不相成候

実に痛快な話である。ハウス栽培の江戸時代版である。農民たちは、きうり・なす・いんげん・ささげなどを、時期はずれに促成栽培するために、雨障子で囲った温室をつくったり、たどん火で温めたり、いろいろ工夫をして、

江戸っ子の初物好みの需要に応じていたのである。

当時、このような促成栽培の野菜を〝もやしもの〟とか〝もやし初物〟と呼んでいたことも、この町触からわかる。〝もやし〟は大豆のもやしだけではなかった。また町触のおわりの部分には、魚鳥類もかなりの手間暇《てまひま》かけ（「人力ヲ費《ついやし》」）、多額の金をかけ（「多分之失脚ヲ懸《かけ》」）て養殖していたことが知れる。

『江戸名所図会』には、江戸東郊の葛西周辺の農家の、のんびりとした風景が描かれている。この辺りでは、花の栽培がさかんにおこなわれていたようで、庭に出荷用と思われる花が積んである。江戸の花屋に売るためのものであるが、このほか、ハウス栽培をするような農業をしていた可能性は十分ある。

考えることは、昔も今もそれほど違わぬということである。ただし、現代のように、技術が非常に進んでしまい、欲望のおもむくままにあまりにも便利になると今度は逆に、その高度化した技術にふりまわされて人間性を喪失してしまう。ある意味で、コンピュータがその好例である。江戸時代の初物好み程度なら、むしろ季節と食物との関係を強く意識していたればこその初物であり、人間味豊かな初物栽培であった。

俗に、「初物七十五日」という。初物を食べると、寿命が七十五日延びるという俚諺《りげん》である。いつごろからいわれだした俚諺か詳らかでないが、江戸時代前期には、もう人びとの間に一般化していた。

井原西鶴の『日本永代蔵』に、「里人、茄子《なす》の初生を目籠に入て売来るを、七十五日の齢是たのしみの、ひとつは弐文、二つは三文に値段を定め」云々というくだりがある。初なすを食べると、七十五日長生きするというのである。

また江戸川柳に、「しわいやつ七十五日はやくしに」というのがある。ケチは初物を食べないから、七十五日分だけ早く死ぬという皮肉である。さらに天明七年（一七八七）刊の料理本に、『七十五日』という書名のものがある。サブタイトルには、「江戸喰物重宝記」とある。また、亀戸天神の行事に、七十五膳というのがある。

いずれにしても、〝七十五〟という数字には、どういう根拠があるのであろうか。そういえば、七十五日は、初物食いの寿命の延びる日数だけでなく、俗に「人の噂も七十五日」というように、人の噂が消えない日数でもある。山東京伝の『江戸《えど》生《うまれ》艶気《うわきの》樺焼《かばやき》』の一節に、「七十五日が間の勘当にて、日限が切れると早々うちへひきとる事也」とあり、江戸川柳にも、「身の垢は七十五日世に残り」というのがある。人の噂は七十五日は消えないが、それを過ぎれば自然と消えるという俚諺が、江戸時代に一般化していた証拠である。

このほか、昔は産後の民俗として「七十五日の忌」があり、産後のけがれを忌むために七十五日間産婦が籠る風習があった。初物食いの延びる寿命や、産後の忌み期間や、人の噂の消えない日数が、なぜ七十五日なのか。このほか、青森県の民謡の「俵つみ唄」という祝いの唄の一節に、「俵倉には米をつむ、七万五千のおん俵、七十五人の人足で、大黒柱を取り巻いて」云々とあり、ここにも七十五という数字が登場する。

第Ⅲ部　江戸社会の諸相

第一章　観光都市としての江戸
――短期滞在型を中心に――

第一節　江戸見物の三タイプ

一〇〇万を優に超す人口をかかえた巨大都市江戸は、さまざまな顔を有していた。まずは、将軍を頂点とする幕府の所在地であり、全国統治の拠点として、だれもが指摘するのは、「政治都市」江戸である。当時、政治を担っていたのは武家であり、旗本・御家人のみならず、参勤交代の諸大名やその家臣たちが大勢活動していたので、換言すれば「武家の都」江戸でもあった。

また武家五〇万、町人五〇万、合わせて一〇〇万という巨大人口の消費量は、京都・大坂をはじめとする他の都市にくらべて、けたはずれに厖大であり、物流のさかんな「大消費都市」江戸という特色もあった。

さらに、武家地は江戸全体の面積の七〇％を占めていたのに対し、五〇万余の町人はわずか一五％の土地に密集させられていたため、しばしば大火となる「火災都市」江戸という性格をも有していた。

あるいは近世後期になると、出版や広告や意匠や風俗などさまざまな分野で、先端的な情報を発信するようになり、「情報都市」江戸という評価も見逃すことはできない。このように江戸は、いろいろな顔を持つ多相都市であった。

これに対して最近、江戸見物に諸国から大勢の人びとがやってくる江戸、しかも江戸は、そうした観光資源に恵まれていたという点に着目して、新たに「観光都市」江戸という性格が注目されるようになり、いくつかの成果がでるようになった。(1) ことに、高層ビルが無計画に林立するなど、さまざまな面で環境が悪化する今日の東京を再生する方途をさぐるためにも、東京の前身である江戸の、観光都市としての特色を分析する意義は大きいものと思量する。

本章ではそうした観点から、新出の「旅日記」を紹介しつつ、観光都市・江戸について考察を進めたい。江戸にかかわる「旅日記」には大別して三種ある。ということは、江戸見物の在り方にも三種あるということである。

その第一は、江戸見物のみを目的とする小旅行の場合もあるが、多くは伊勢参宮とか西国三十三カ所めぐりといった大旅行の途次、とくに関東・東北の人びとが江戸を通過する際、何日か滞在して見物するケースである。いずれにせよ、このケースは二、三日から長くて一〇日ぐらいの短期滞在型である。

第二は、おもに訴訟のために江戸に出府する町人・農民が、ついでに江戸見物をするケースである。当時の訴訟制度は、同じ藩領域内の者同士が争った場合はその藩で裁くことができるが、領主違いの者が争った場合には、江戸の幕府評定所で裁かれることになっており、どの村でも町でも、江戸出府の機会はきわめて多かった。江戸からの差紙（召喚状）がくると出府するが、折角江戸に出てもすぐに裁判が始まるわけではない。全国から出府した大勢の訴訟人が順番を待っている。何度か尋問を受けるまでには相当な時間がかかる。いきおい一カ月とか二カ月、江戸の公事宿に滞在しつづけることになる。その間、評定所からの呼び出しがない日は、むしろその日数の方が多いのであるが、宿にいても手持ち無沙汰で仕様もないから、江戸見物ということになる。したがってこのケースは、一カ月から二、三カ月という中期滞在型である。(2)

第三は、参勤交代制度がもたらした江戸見物である。江戸には、参勤交代のために設けられた二百数十藩の江戸屋敷（藩邸）があった。これら諸藩の藩邸には、大勢の家臣が住んでいた。家臣の江戸勤務を〝江戸勤番〟あるいは〝江戸詰〟といい、上級武士を除けばほとんどが、妻子を国許へ残しての単身赴任であった。

江戸勤番には、藩主の参府に随従し、江戸に着くとただちに帰国する者、藩主が帰国するまで一年間藩邸に勤務するもの、藩主の参勤交代に関係なく長期間藩邸に勤務する定府の者、という三形態があった。

したがって各藩の藩邸内の人数は、流動的で正確な把握はむずかしいが、藩士のほか奉公人や女中を含めて、大藩ではおよそ三〇〇〇～五〇〇〇人、小藩でも三〇〇～五〇〇人ほどであった。たとえば一一万石の庄内藩の江戸屋敷には、藩主が参勤中は七五〇人、藩主が帰国して留守の間は約四五〇人の家臣たちが生活していた。

江戸勤番の仕事は、一般的にはそれほど多忙ではなかった。勤務日より非番日の方が圧倒的に多かった。江戸市中での行動も、旗本ほどの規制を受けず、江戸庶民と同じように動き回ることができた。そこで彼らは、江戸中の寺社詣でや名所めぐりにせっせと出掛けた。江戸の盛り場を賑わす人口の半数は、江戸見物中の、彼ら勤番武士であったかも知れない。この第三のケースの多くは、一年以上にも及ぶという長期滞在型といえよう[3]。

以下本章では、その三類型の旅日記のうち、第一の類型の短期滞在型観光について分析することとしたい。

第二節　会津からの旅人

最初に紹介する史料は、会津村松（現、福島県喜多方市）の佐藤喜兵衛（二八歳）が、天保十一年（一八四〇）正月二十九日に出立、伊勢参宮・西国札所めぐりをして五月十五日に帰郷するまでの一〇五日の旅日記である[4]。同行者は喜兵衛のほか、同村の佐藤喜作（二八歳）、小荒井村の長波茂助（三〇歳）、真壁勘之丞（三二歳）の四人。江戸には二月十四日から二十四日まで滞在した。江戸で一〇泊というのは、大雨で見物できなかった日があったとはいえ、かなりゆったりとした短期滞在型観光である。

江戸へ入る前日は船橋に泊った。宿はゑびや治右衛門、はたご代は二四文。彼のこの宿に対する評価は「よし」である。因みに、そのまた前日に泊った成田の宿屋は「悪し」と記されている。

一般に旅日記は、みずからの旅の行動記録であると同時に、これ以後同じような旅をするかも知れぬ家内の者とか同郷の村びとのために、このような注意事項とか参考意見を書き留めている場合が多い。

いずれにせよ、船橋に泊った喜兵衛は、翌二月十四日、行徳のつたや弥三郎で昼食（七二文）をとったのち、川船で江戸深川の扇橋に着く。水運の距離は三里、船賃は六八文で、ほかに三六文の酒手を支払った。その扇橋辺で茶飯一膳（銭二八文）の腹ごしらえをし、徒歩で八ツ半（午後三時頃）に宿の馬喰町三丁目の福島屋仙太郎方に到着。早速、江戸の銭湯に入り、髪結床に行く（あわせて銭四六文）。

翌二月十五日は晴天、絶好の江戸見物日よりである。とくに十五日に江戸に滞在していたことは幸運であった。実は、毎月の朔日と十五日は大名・旗本の江戸城総登城の日、その華麗な登場風景を見逃す手はない。喜兵衛一行も「御大名様・御はた本様御登城拝見」している。そのあと江戸の町並みを見物、その間に菓子（銭八六文）などを店で食べている。

いったん宿に戻って昼食、午後には「大伝馬町大丸店へ参り、買物仕、酒肴・夕飯迄御振舞」という厚遇をうける。有名な大丸屋でどのような衣類をいくらで買ったのか記していないが、当時の大店の商慣行で、買ったあと、御馳走を振舞われている。ただし購入したことを彼は後悔したとみえ、注意事項として「右大丸より買物見合べし、高直ニ相見ル」と記している。

翌十六日、この日も晴天。見物コースは常盤橋御門、御本丸大手辰ノ口、大名小路、和田倉御門、桔梗御門、西御丸大手、桜田御門、霞ノ関、永田馬場、山王権現、寅ノ御門、京極金毘羅、愛宕山、増上寺、芝神明前、そして馬喰町の宿へ戻っている。

和田倉御門の項には、「会津上御屋敷、向御屋敷」と付記しており、自領の殿様の江戸藩邸をきちんと見物している。さらに芝神明前から足を伸ばし会津藩の「芝御中屋敷」を見物するなど、お国自慢の意識を垣間見ることができる。

ともあれ、江戸城周辺の大名屋敷街が、立派な観光コースになっている。そのあと定番の愛宕山に登り、「江戸洛中見おろし、大景也」と、江戸の景観のすばらしさを満喫している。京都の市中の意である「洛中」という言葉を、ここで用いているのが面白い。この日の入用は銭八五文。

十七日も晴天、ただし夜は大雨であった。昨日は江戸の南部を中心に見物したので、今日は江戸の北部コースである。まずは金龍山浅草寺、ついで浅草御門跡（東本願寺）、上野寛永寺、不忍池弁天、根津権現と巡って、締めは湯島天神と神田明神、「此所より江戸中見はらし」ている。武蔵野台地の先端にある湯島台とか神田台に立てば、眼下に下町の屋根が続き、その先に白帆が浮かぶ江戸湾を望見できた。そして古着店の並ぶ柳原の土手通りを経て馬喰町に戻っている。この日の入用は銭一五八文。

十八日も晴天。この日は朝五ツ半（午前九時頃）から暮六ツ（午後六時頃）まで、堺町の中村座へ芝居見物に出掛けた。演目は「鶴岡根元曾我」(5)。この入用は金二朱と銭三九二文。芝居見物は「茶屋附ニ而参るべし」と記し、芝居茶屋の利用をすすめている。

十九日も晴天。この日は大名屋敷や旗本屋敷、それに主な商家など、「あら〳〵不残見物仕候」とある。実にゆったりとした日程である。当日の費用は銭一〇六文。

二十日は天気、ただし夕方から雨となる。この日は隅田川東岸の深川・本所コースである。両国橋は江戸で一、二をあらそう盛り場。「此橋、人通りの第一也」と記している。事実、一日に両国橋を往来する人数は、約二万五〇〇〇人と推計される[6]。そのあと一ツ目弁天、新大橋、永代橋、深川八幡、洲崎弁天、三十三間堂、五百羅漢、さざえ堂、梅屋敷、亀井戸天神、妙見、向島三囲稲荷、さらに浅草に出て馬喰町の宿へ帰る。この日の入用は銭二四二文。

二十一日は大雨であったが、葺屋町の市村座へ芝居見物に出掛ける。朝五ツ（午前八時頃）に始まり、夜五ツ半（午後九時頃）まで興行している。演目は「七五三翫《かざり》宝曾我」[7]。この見物料は金一分と銭三〇文。結構な値段である。江戸三座のうち二座まで見物とは、喜兵衛は余程の芝居好きと見える。

翌二十二日は大雨のため、終日宿にて休養。この日の入用は昼食代六九文のみ。

二十三日は天気。明日はいよいよ江戸を出立するというので、江戸みやげの品々を買う。さてこれで江戸中を地区別に丁寧に見物し、江戸の大芝居も中村座・市村座と二日がかりでしっかりと見物、あとは思い残すことがないと思いきや、喜兵衛は、最後に江戸最大の名所見物をとっておいた。吉原見物である。何とも心にくいスケジュールである。もっともおもな日程の案内は宿の福島屋に頼んだものと思われる。宿への支払いに案内銭が計上されている。この日の昼食代は銭七七文。

二月二十四日、四ツ（午前十時頃）、馬喰町三丁目の宿福島屋仙太郎方を出立した。福島屋に支払った入用は、旅籠代・酒肴代・茶代・案内銭まで合計して、金一分二朱と銭四一三文であった。なお旅籠代は一泊銀二匁三分とある。当時の相場は銀一匁がおよそ銭一一三文であったから、銭に換算すると福島屋の一泊の宿代は、ほぼ二六〇文であった。

宿を出るに際して、日記にはまた注意事項が記されている。「右宿より箱根江の切手、無失念持参いたすべし」と。つまり箱根の関所通行手形を、この宿（福島屋）で書いてもらうことを忘れずにというのである。

喜兵衛は、江戸から品川に向かったが、「江戸出口」にある「芝泉岳寺義士墓」を拝している。そして、「浅野内匠頭家来大石内蔵助　忠誠院忍空浄釼居士　元禄十六癸未二月四日　行年四十五」という墓誌を書写している。忠臣蔵の人気は全国的であった。

なお、この旅日記はその後も五月十五日まで延々と続くが、品川の次の大森の項に、「此処、和中さん（散）本家」「此処、麦はら細工名代」とあることを付記して、紹介を終わりたい。

以上、喜兵衛の江戸見物は、短期滞在型とはいえ、一〇泊と結構時間をかけてじっくり見物している。ある意味では、理想的な江戸見物といってよいであろう。

第三節　南部・常陸・信濃からの観光

一般に短期滞在型といえば、三〜四泊が普通であった。新出史料ではないが、東北の南部領和賀郡立花村（現在の岩手県北上市黒沢尻町）の吉蔵ほか農民数名が、伊勢参宮・西国札所巡礼の旅に出た場合を紹介しよう。[8] 天保十年（一八三九）五月二十日に出発、同年十月五日に帰村するという一二四日間に及ぶ大旅行であった。前節で紹介した喜兵衛の旅の前年のことである。

吉蔵ら一行は、伊勢に向かう途中の六月二十一日から二十四日まで、三泊四日、江戸に滞在した。彼らもまた、江戸へは行徳から船を利用している。行徳から「船ニ乗、賃六十四文、途中ニ而廿八文船頭ニ祝、合テ九十弐文也、御番所ニ而改ニ逢」とあり、中川番所で改めを受けている。上陸したのは羅漢河岸、早速五百羅漢に詣で、一里ほど歩いて江戸での宿、馬喰町一丁目の刈豆屋茂右衛門方に到着した。

この刈豆屋は、江戸の宿屋の中でもとくに宿銭が高く、一泊銭三三六文（銀三匁）であった。それが証拠に、刈豆屋は当時有名な観光宿であったようで、馬喰町を中心に江戸の東西南北のおもな名所を図示した一枚摺り物『従馬喰町江都見物名所方角略絵図』を発行し、宿泊者に配っていた。

観光案内人も専属の者がいたらしく、この東北の農民たちも案内を頼んでいる。日中の案内料は銭二五〇文、夜の案内料は銭一三〇文であった。吉原や両国は、夜に見物している。吉原は、到着早々の二十一日の「晩見物、目を驚かすばかり也」とあり、両国の花火は、二十三日の「夜に入て花火・遊山船見る」とある。吉蔵らはしっかりと江戸名物の夜の観光をしている。六月といえば、両国橋周辺は夕涼みの客で大賑わい、花火も五月二十八日の川開きから、八月二十八日の川仕舞まで毎日夜空を彩った。

日中の見物箇所は、神田明神、湯島天神、不忍池、寛永寺、東本願寺、浅草寺、諸大名屋敷、芝愛宕山、増上寺、芝神明、深川八幡、亀戸天神、西本願寺、泉岳寺などである。このほか越前藩の上屋敷をはじめ、江戸城周辺の大名屋敷も観光コースに入っていた。一行は、自分の国の南部藩の上屋敷も見物している。

このように昼・夜をわけての効率的な観光コースを歩けば、同じ短期滞在型といっても、三泊か四泊あれば十分であった。

ところが、わずか二泊であっという間に江戸を通過していった旅人もいた。最速の短期観光の珍しい例である。常陸国茨城郡神谷村（現、茨城県茨城町）の人で名は不詳であるが、伊勢・西国への旅の途次、江戸に立寄っている。(9)全行程は、天保十二年正月五日に神谷村を出立、同年三月九日に帰村する八五日（閏正月あり）の旅で、その途次の正月九日・十日の二泊で江戸見物をしている。

思えば、彼の旅の目的は伊勢参り、そして西国札所巡礼であり、江戸見物が目的ではない。長旅のほんのひとこま、とすればこういう江戸見物もあり得る。しかも常州茨城郡神谷村は江戸から四〇里余、五日間の距離であるから、すでに江戸見物の経験者かも知れない。

ともあれ、この旅も行徳から江戸へ舟で入っている。天保十年正月九日のことである。「是より江戸扇橋迄、舟ニ乗、一人前八十文、外ニ四文役せん、二里程行て新川へ入り、右ニなか川の御番所有、女人禁制、暮六ツより舟留也」とある。

先述の喜兵衛一行の例では、行徳・江戸扇橋間の船賃は六八文で、船頭への酒手が三六文、合計一〇四文、また吉蔵一行の場合は、行徳から羅漢河岸までと距離は違うが、船賃六四文、船頭への祝（酒手）二八文、合計九二文であった。この常州神谷村の旅人の場合、行徳・江戸扇橋間の船賃は八〇文と高い。しかし船頭への酒手を含むとすれば、かなり安く、船賃は一定ではなかった。なお四文の「役せん」が酒手でないとすると、中川番所への役銭か、気になるところである。番所改めは女人禁制で、暮六ツ以降船の通行は禁じられていたことにも留意する必要がある。[10]

ともあれ、今まで紹介した三例でもわかるように、東北地方からの旅行者は、成田山を参詣、佐倉街道から江戸に入る場合、行徳から水運を利用していることを指摘したい。なお船橋から行徳まで「此辺左りハ皆塩浜なり」と、行徳塩の生産地であることも旅日記には記されている。

さて、深川の扇橋で下船した一行は、徒歩で馬喰町二丁目の伊勢屋嘉平方に到着、この宿代は一泊銭二一六文。翌正月十日の日記には、「江戸見物、神社仏閣道筋之事」とあり、浅草寺、東本願寺、上野寛永寺、湯島天神、神田明神、丸ノ内大名屋敷、京極金毘羅と巡り、日比谷御門、呉服橋御門を経て宿の馬喰町二丁目伊勢屋に戻っている。

翌正月十一日には宿を出立。はや江戸とお別れである。その際、「此宿ニ而箱根御関所手形貰ふ也」とある。箱根の関所通行手形は、先述の喜兵衛一行の場合と同様に、彼もまた、江戸の宿屋で書いてもらっている。

馬喰町から日本橋を経て、東海道筋を品川方面へと見物がてら歩を進めた。途中、銀座町一丁目で昼食（銭三四文）をとる。そして品川から、あっさりと江戸を離れ六郷へ、多摩川には橋がなく舟で渡った。「川有、舟渡し十五文」。十一日の夜は、神奈川宿の藤屋源蔵方に泊る。宿代は銭一八〇文であった。

わずか二日の江戸見物、ほとんど立ち止まることなく、江戸の中心部の、表通りの名所をひたすら歩き廻ったという感じである。芝の愛宕山に登って、江戸の景観を見わたしていない。吉原見物も芝居見物もしていない。江戸文化に縁遠い江戸見物である。

日程がわずかだから止むを得ないといえよう。ひょっとすると、箱根の関所通行手形を、江戸の宿屋に書いてもらうことに、大きな意味があったのかも知れない。これは喜兵衛の旅日記であるが、箱根の項に、「天下御番所有、笠取て下座いたす、江戸表より之切手差上、通ル也」とあり、「江戸表より之切手」、すなわち江戸の宿屋から発行される通行手形が強調されている。

短期滞在型で最後に紹介するのは、農村の女性を中心とする江戸見物である。北信濃の高井郡宇木村（現、長野県山ノ内町）のふき（四六歳）、いせ、かね、謙之丞（三歳、ふきの甥）、夜間瀬村なみ、一本木村きん、それに治兵衛の総勢七名が、嘉永二年（一八四九）に秩父札所巡礼と江戸見物に出掛けた旅日記が伝存している(11)。

これによれば、嘉永二年十月十九日に村を出立し、十一月十七日に大いに見聞をひろめた一行は、二九日間の旅を終え帰郷している。幼児を除けば、男性でただ一人参加している治兵衛は、護衛のために雇われた案内人である。したがってこの旅は、女性たちの旅といってよい。

彼女らは、秩父の三四番までである札所をすべて順礼し、十一月三日に江戸に入った。宿は柳原土手下の竜閑町代地にある日野屋忠兵衛である。旅籠代は一泊銭二〇〇文、それまでの中山道筋の宿の一七二文とか一八〇文と比べて、やはり江戸は高い。しかし今まで本章で紹介した江戸の宿代は、馬喰町一丁目の刈豆屋茂右衛門が三三六文、同三丁目の福島屋仙太郎が二六〇文、同二丁目の伊勢屋嘉平が二一六文であるから、江戸にもさまざまなランクの宿があるということであり、竜閑町代地の日野屋忠兵衛の二〇〇文は、江戸の宿屋にしては、かなり安値といえよう。

彼女らは江戸で四泊している。到着した翌日の十一月四日には、早速、浅草観音へ参詣、上野寛永寺から不忍池の弁天をお詣りしている。翌五日は、江戸の南部すなわち芝神明、増上寺、芝赤羽橋にある有馬屋敷の水天宮、そして愛宕山に登って江戸中を見晴らしている。六日は、神田明神、湯島天神へ参詣、両国橋へ行き、そして再度浅草観音をお詣りしてから芝居の猿若町へ(12)、夜には吉原に行き、「おいらん道中」を見物、夜見世をみて柳原土手下の宿日野屋に戻った。

僅か中三日の江戸見物であったが、この女性たちは二度も浅草寺へ参詣、そのほか両国、猿若町、吉原など、江戸の盛り場をしっかりと見物している。女性だけの旅であったが、おいらん道中を見るなど、吉原の雰囲気も存分に楽しんだようである。

第四節　観光都市江戸の条件

以上、本章では短期滞在型の江戸見物に限り、四点の旅日記を紹介しながら、その実態を解明してきた。最後の嘉永二年の例を除けば、他の三点は時期をほぼ同じくしており、天保十年六月二十一日〜二十四日、天保十二年二月十四日〜二十四日、天保十二年正月九日〜十一日と、まさに天保改革以前の時期に江戸を訪れている。したがって、風俗統制を中心とする天保改革の厳しさは、まだ旅日記の記述に反映されていない。

江戸が観光都市として魅力があるのは、全国的に著名な寺社が多いということである。天下の将軍の菩提寺である上野の寛永寺と芝の増上寺は、他の都市には絶対にないものである。山王権現も神田明神も、いずれも将軍ゆかりの社として格式高く、この両社の祭りの行列は「天下祭り」と称されて隔年に江戸城内に入れたし、浅草寺は古代以来の名刹で、庶民信仰厚く、京都の清水寺と並び称された。

しかもこうした寺社の多くは、風光明媚の地にあった。歌川広重の「名所江戸百景」を持ち出すまでもない。有名寺社に限らず、江戸は水と緑が豊かで、四季のうつろいを鮮明に映しだす四季彩都市であった。江戸の観光客が、定番ともいえる数々の名所を巡るのも、むべなるかなである。

喜兵衛や吉蔵や会津村松の人の江戸見物から、約二〇年後の万延元年（一八六〇）に来日したイギリスの園芸学者ロバート・フォーチュンも、江戸の景観について次のように述べている(13)。

江戸は不思議な所で、常に外来人の目を引きつける特有のものを持っている。江戸は東洋における大都市で、城は深い堀、緑の堤防、諸侯の邸宅、広い街路などに囲まれている。美しい湾は、いつもある程度の興味で眺められる。城に近い丘から展望した風景は、ヨーロッパや諸外国のどの都市と比較しても、優るとも決して劣りはしないだろう。それらの谷間や樹木の茂る丘、亭々とした木木で縁取られた静かな道や常緑樹の生垣などの美しさは、世界のどこの都市も及ばないであろう。

江戸城の堀、緑の土手、結構な大名屋敷、広い街路、美しい江戸湾、とにかく江戸は、水と緑のみごとな景観の都市であった。しかもその景観を、「世界のどこの都市も及ばないであろう」とまで絶賛している。観光都市江戸の魅力は、まさにここにあったのである。現在の東京タワーになぞらえられる芝の愛宕山からの景観のすばらしさは、江戸の観光客の目を十分楽しませたに相違ない。

ここで再度確認したいのは、フォーチュンの「城は深い堀、緑の堤防、諸侯の邸宅、広い街路などに囲まれている」という言葉である。江戸の魅力は、天守はなくともやはり江戸城であった。しかも石垣ではない。松の緑がお堀に映える鉢巻土手の美観であった。

そしてその美観を背景とする江戸城周辺の諸大名の壮大な数々の江戸屋敷と広い街路が、観光の対象となっている。他藩の江戸屋敷見物にとどまらず、国元ではお城に住んでいる殿様が、江戸ではどんな屋敷に住んでいるのか、江戸見物の興味は尽きない。

本章で紹介した江戸見物も、短期滞在型とはいえ、江戸城と数々の大名屋敷が観光コースに入っていた。とくに大名領の農民は、わが殿様の江戸屋敷というお国自慢意識で見物している。また、毎月の一日と十五日に大名が江戸城へ総登城する際は、大手門付近は見物客で相当混雑したようだ。これまた、他の都市には絶対にない立派な観光資源であった。ましてや、おらが国さの殿様の登城光景を見る幸運に浴したなら、これは最高の江戸みやげ話になったに相違ない。こうなると参勤交代制が観光都市・江戸を成立させる一つの条件をつくったといっても過言ではなかろう。

次に江戸と船運の関係である。江戸の出入り口は、東海道だと品川宿、甲州道中だと内藤新宿、中山道だと板橋宿、日光道中だと千住掃部宿である。これを江戸四宿といって、いずれも陸路である。

ところが東北からの観光客は、行徳からの水路で深川の河岸までやってくる。果たして観光客だけであろうか。ここにはかなり太い人と物の流通ルートがあるように思える。このルートをみると、深川の河岸は立派な江戸の玄関口であり、江戸の都市構造について再考することを促している。

もっとも江戸の船運といえば、大川（隅田川）という大動脈がある。短期滞在では無理であるが、中期滞在ともなれば、両国の船遊びとか、ちょき船での吉原通いを観光客が楽しむ例も多くなる。

さらに観光都市の条件を考えると、いかにその都市に、すぐれた製品がつくられているか、ということである。他よりも質のすぐれたもの、つまり江戸ブランドが多ければ、江戸みやげは魅力あるものとなる。そして、江戸みやげの魅力にひかれて、大勢の観光客がやってくる。このように江戸を分析する一手段として江戸みやげの考察が必要になる。

本章に取り上げた旅人たちも、江戸みやげを各人いろいろと購入したようであるが、残念ながら何を買ったかは記していない。

ただし、常州神谷村の人が、「土産物」と別記して、旅の途次のみやげ品についてきびしい評価をしているので、ここに抄出しよう。(14)

評価は四段階に分かれており、良い印のついた品は、「宜敷なり、求べし」とあり、悪い印のついた品は、「求べからず」とあり、最悪の印のついた品は「別而悪し、必求べからず」とある。このほか「無印之分ハ、求ともよし、不求ともよし、随意ニ任すべし」とある。評価基準はもちろん彼の好みであろう。

全部で二二項目、そのうち良い印のついたのは八、悪い印は三、最悪の印は四、可もなく不可もなしの無印は七であった。以下、ここでは彼に良い品と認定されたものの中から、四つだけ引用しよう。

一、風呂鋪ハ京都宜し、此外、針、扇子、目鏡、印籠、守護袋、柳籠履、脇指の提紐、同鮫、表具物、其外すべて安し。

一、革細工ハ播磨国姫路之花屋庄八郎、高直也、品よし。

一、瑪瑙細工ハ若狭国遠敷左側ニ而和助宅宜し、安し。

一、其外ハ武蔵国江戸也、茶、鼻紙入、筆、墨、瀬戸物、太物、呉服類、万安し。乍然、目利にあらざれバ買過有、能々心得べし。

この最後の項が江戸に関するもので、良い印をつけた理由は、万事安値という点にある。しかし、品物に対する目利がないと失敗するから、よくよく注意をせよと、警告もしている。

ここには、錦絵も浅草海苔も登場してこないが、江戸みやげとして一番人気があったのは、錦絵だったと思われる。値段も銭一〇〇文で一〇枚近くも買えたので、値段も重さも手軽なみやげだった。錦絵は江戸で生まれた独自の文化であり、浅草海苔もまた、江戸ならではの生産物であった。そのほか、びん付油など、化粧品類に江戸ブランドが多かった。中期滞在型の観光客になると、これらの江戸みやげがずらりと記録されるようになる。

最後に、観光都市としてのもっとも基本的な条件は、そこに住む人びとの姿勢であるということを指摘したい。江戸っ子が、他人に対してどういう姿勢で接したのか、あるいは、旗本たちに代表される江戸の武士はどうだったのか、次第によっては、観光客は逃げてしまう。

紀州田辺藩の原田という医師が、江戸屋敷での生活経験から、江戸の長所・短所を記した随筆『江戸自慢』[15]には、このことに関し、江戸っ子気質は、たしかに荒っぽい。だから精神までそうかというと、そうではないといっている。他人に道を尋ねられたら、どんなに忙しく仕事をしていても、いったん仕事を中断して、道を丁寧に言葉やさしく教えてくれると、この和歌山人は感激している。道を尋ねるのは大方外来者であるから、江戸の人は、もてなしの心が豊かであるというのである。旗本にしても、たいへん温和で、和歌山武士のような「屎力味」はないと褒めている。巨大都市江戸なるが故に、人の心はこせこせしておらず、包容力に富んでいたとの指摘である。

観光都市・江戸は、それ故にこそ成り立ち、かつ他の都市とは異なる独自性をもって、発展したものと思われる。

注

（1）山本光正『江戸見物と東京観光』（臨川書店、二〇〇五年）、安藤優一郎『観光都市江戸の誕生』（新潮新書、二〇〇五年）。

（2）高橋敏『江戸の訴訟』（岩波新書、一九九六年）。

（3）島村妙子「幕末下級武士の生活の実態」（立教大学史学会『史苑』三二巻二号）、林英夫校訂「単身赴任下級武士の幕末『江戸日記』」（『新宿区地図集・地図で見る新宿区の移り変わり四谷編』（一九八四年）、青木直己『幕末単身赴任下級武士の食日記』（NHK出版生活人新書、二〇〇五年）、山本博文『参勤交代』（講談社現代新書、一九九八年）、江戸東京博物館『参勤交代』展示図録（一九九八年）、品川歴史館編『江戸大名下屋敷を考える』（雄山閣、二〇〇四年）。

(4)　筆者蔵。会津領の村松の佐藤喜兵衛らの伊勢・西国巡拝記。表紙は摩滅して判読不能。裏表紙も摩滅しているが、この旅日記を筆記した「佐藤喜兵衛」と読める。冒頭に「国ぞこひしき」とある。なぜか天保十一年正月二十九日に村松を出立してから、二月十日に筑波山に至るまでの日記がなく、いきなり二月十日の筑波山参詣の記事から始まり、五月十五日の村松帰着、「千秋万歳、目出度、賀志久」で終わる。

(5)　『歌舞伎年表』。

(6)　拙著『江戸の盛り場・考』(教育出版、二〇〇〇年)。

(7)　注(5)に同じ。

(8)　渡辺紘良「天保十年伊勢参りの記録(一)〜(四)」(『独協大学紀要』八号〜一一号)。

(9)　筆者蔵。はじめに「西国三十三所御詠歌」を記す。ついで「伊勢西国道中記」と題して、天保十二年正月五日の常州神谷村出立の記事から旅日記が始まる。

「扨、家内隣家の子供江祝ヲ出し、又竈神へ参銭三十六文、又氏神へ参り、馬ニ乗り、出ル時の撒銭ハ其人の心に任するなり、両鎮守、右参詣いたし、追酒盛終りて目出度、発足いたし候」と、馬に乗って村を出た。そして、一里二八町離れた鳥栖という所で「馬を下り、神酒代百八文、送りの馬士江祝百文遣ス」と、下馬している。

帰村の際も、「栢井村、同所ニて馬を取り、神谷村迄弐百文ニて頼み、外ニ酒手百文遣ス」と、乗馬姿で帰宅している。すなわち、「神谷村、三月九日昼中、道中無事ニて目出度、帰宅仕候、家内の祝喜極りなし」と記されている。

この旅日記は、値段等について詳細にまとめており、全行程七三〇里三三町で八五日間、一日平均八・六里であった。その総費用は、金一〇両三分二朱と銭三五五文である。内訳もこまかく記されており、たとえば、わらじ代は合計六九足で銭九一六文とある。一足の代は銭六文から二〇文までいろいろであった。わらじ一足は、一日と少し歩くと使用不能になったことがわかる。また髪結は旅行中一一回だけ、つまり八日に一回程度、その髪結賃は合計五四八文とあるから、一回分は銭三二文ほどということになる。

(10)　加藤貴「中川番所の機能とその特質」(『交通史研究』一二号)。ただし、野菜・鮮魚のみは暮六ツ以降の夜間入船が認められていた。

(11)　樋口和雄「江戸後期の村の女性たち」(『高井』一一五〜一一六号)。のち同氏著『信州の江戸社会』(信濃毎日新聞社、二〇〇一年)に所収。

(12)　天保の改革で、堺町の中村座、葺屋町の市村座、木挽町の森田座(当時は控櫓の河原崎座)の江戸三座は、浅草の猿若町へ強制移転させられた。

（13）ロバート・フォーチュン『幕末日本探訪記』（三宅馨訳、講談社学術文庫、一九九七年）。

（14）注（9）に同じ。

（15）『江戸自慢』（『未刊随筆百種』八巻所収、中央公論社、一九七七年）。

第二章　『江戸自慢』にみる江戸社会

第一節　『江戸自慢』の執筆動機

巨大都市江戸の社会・風俗を研究するのに絶好の書がある。『江戸自慢』という書である。書名から、江戸っ子が江戸を自慢したものと誤解されがちであるが、実は他国の人が江戸のよい点・悪い点を叙述したものである。
著書は幕末の人、紀州田辺藩の医師原田某で、雅号を晩来堂、紀遊蝠と称した。彼が参勤交代で江戸勤番中に体験した江戸の特色を、故郷の紀州と比較しながら明快に解説した書である。その叙述の意図を、序文で次のごとく記している。(1)

鶏かなく吾嬬《あづま》なる大江戸の繁昌は、太田静軒《せいけん》ぬしの繁昌記ニくわしく載《のせ》つれバ、賤《しず》の小手《おだ》まき、くり返んもうるさき業《わざ》ニしあれば、是ニハもらしつ、只己《ただおの》が年久しく住馴《すみなれ》し古郷《ふるさと》の朝もよい、紀の若山（和歌山）とうらうへなる事、又は見聞せぬことの多かれば、我ニひとしき井の鮒の初めて此地江来り、所柄《ところがら》の広らかなるに眼をまはし、珍らし事に肝《きも》を潰《つぶ》し、田舎者《いなかもの》ともてはやされんことの気の毒さ、入らぬことが世話になり、老の気性のたつか弓（下略）

まず巨大都市江戸の繁昌ぶりについては、天保年間に刊行された寺門静軒著『江戸繁昌記』(2)があるので、そこに記載されたものと重複しないよう執筆にあたっては配慮したと述べている。ついで、自分が長年住み慣れた紀州和歌山と江戸とを比較すると、まったく逆の事象があったり、和歌山では見聞したこともない事柄が多いので、勤番武士たちは、その珍しさに肝を潰したり、江戸の広大さに眼をまわしたりして、「田舎者」と揶揄され、恥をかくことが多いと指摘している。

そこで、紀州からやってくる後輩の勤番武士たちが、そうした恥を少しでもかかぬよう、換言すれば、異文化ショックを予め少しでも軽減できるよう、入らぬ世話とは知りながら老姿（爺）心ながら、自ら体験した江戸見聞記をつれづれなるままに書いたと、その執筆動機を明らかにしている。

この江戸見聞記には、著者の原田自身が勤番武士として江戸で恥をかいた体験がその背景にあり、「江戸自慢」というより、今日流にいえば、世界旅行に重宝な「地球の歩き方」になぞらえて、最新情報満載の体験的江戸案内書「江戸の歩き方」という書名にしてもよいであろう。

なお彼は田辺藩の医師であったから、参勤交代で勤務した江戸藩邸は、安藤飛騨守が幕府から拝領した小石川伝通院門前の田辺藩邸であった。

この書は出版されたものではない。次々と田辺藩（和歌山藩の支藩）だけでなく、和歌山本藩の武士たちの間に筆写されたものと思われる。実は本章で引用する『未刊随筆者百種』に収録された『江戸自慢』は、著者原田の実筆本ではなく、原田から借用した松尾某の筆写本を、稲垣由恒がさらに借りて、万延元年（一八六〇）五月に筆写したものが底本になっている。[3]ここに登場する松尾は、原田とは「同士」とあるので田辺藩士と思われるが、稲垣については不詳である。

なお、和歌山本藩の家臣で万延元年五月に勤番武士として江戸に着任した酒井伴四郎彰常も、断定はできぬがこの『江戸自慢』を読んでいたふしがその日記からうかがえる。本論中でそのことについても触れることにする。[4]

『江戸自慢』の成立年代は不詳である。少なくとも、寺門静軒の『江戸繁昌記』一・二・三編の刊行が確認される天保五年（一八三四）以降であり、稲垣由恒が筆写した万延元年以前であるということだけは確かである。したがって『江戸自慢』に記された江戸は、幕末の江戸といってよいであろう。

第二節　江戸の土地利用と風土

まずは「江戸御府内の広大なること、四里四方にあまり」と、江戸が巨大都市であることを認識させる。そしてその土地利用は、「大抵六歩ハ武家の屋敷にて、二分ハ町家、一歩五厘ハ寺院、残り五厘は神社なり」とある。つまり江戸のおよそ六〇％が武家地、二〇％が町人地、二〇％が寺社地というのである。

正井泰夫氏が作成した幕末における江戸の土地利用表によれば、江戸城・幕府用地の面積は三四五haで江戸全体の四・四％、大名屋敷は三〇二六haで三八・二％、旗本・御家人屋敷は一七七八haで二二・五％、以上、武家地を小計すると五一四九haで六五・一％となる。そして町屋は一六二六haで二〇・六％、寺社地は一一三一haで一四・三％である。(5) この数字と『江戸自慢』の数字とを比較すると、武家地と寺社地に五％程度の増減がある程度である。

江戸が他の都市（城下町）と異なる最大の特色は、参勤交代制度により大名屋敷が大きな面積を占めていることである。前記の正井氏の研究によれば、大名屋敷は江戸全体の三八・二％、つまり四割近くにものぼっている。

『江戸自慢』には、「大なる屋敷の第一は紀州公の御屋敷九丁四方、次に小石川水戸公七町四方、市谷尾州公は六町四方、少し劣りて赤羽根有馬侯の屋敷、芝薩州侯の屋敷、本郷加賀侯の屋敷、其余弐丁三丁四方位の屋敷数ふるに暇なし」とある。一番大きな藩邸は本藩である紀州藩邸だというあたり、江戸自慢ならぬ紀州自慢をしている。

事実、安政三年（一八五六）当時に書き上げた『諸向地面取調書』によれば、赤坂の紀州中屋敷（公式には麴町邸が上屋敷であるが、実質的には赤坂邸が上屋敷）が一三万四八一七坪（約四五ha）で第一位、ついで小石川御門外の水戸上屋敷が一〇万一八三一坪（約三七ha）で第二位、そして市ヶ谷の尾張上屋敷が七万五二〇五坪（二五ha）で第三位である。(6)

江戸の一五ないし二〇％を占める寺社のうち、寺院の筆頭は上野の寛永寺と芝の増上寺、次は浅草の観音と小石川の伝通院、さらにその次として大塚の護国寺、駒込の吉祥寺、牛込原町の済松寺などを挙げている。

また神社は、赤坂山王社、氷川明神、小石川白山権現、湯島天神、神田明神、市谷八幡宮、平川天神などを江戸の「大社」としている。

さらに、江戸中に法華宗の寺が多くて繁昌しているが、「他宗ニ而参詣人群集し、賽銭の頭取、仏の全盛なる浅草観音に続く人なし」と、浅草寺が他の追随を許さぬ繁昌寺であることを指摘している。「賽銭の頭取」という表現が面白い。『浅草寺日記』により、賽銭の一年間の合計は、時代は逆のぼるが享和三年（一八〇三）は銭一万二七〇〇貫文余、文化元年（一八〇四）は銭九四〇〇貫文余、文化二年は銭九一〇〇貫文余であった。(7)金高に換算すると、当時の銭相場はほぼ金一両＝銭六貫文なので、金一五〇〇両から二一〇〇両ということになる。これが「賽銭の頭取」の実態である。なお享和三年は善光寺如来像の出開帳が浅草寺であったため、平年より賽銭高が多くなっている。浅草寺は年中盛り場として賑わったが、本尊の観音が示現した十八日はとくに参詣人が多かった。

浅草寺に続いて二番手に繁昌している寺社として、これは年中ではなく縁日の繁昌であるが、五日の水天宮（芝赤羽根橋の久留米藩邸内）、十日の金比羅社（虎ノ門の丸亀藩邸内）、三・八日の北沢の淡島灸すへ（森巌寺）、晦日の上野の両大師（慈眼大師と慈恵大師）、甲子の伝通院の大黒天参り（小石川）などを挙げている。

さて次に江戸の風土についてであるが、「土薄く水浅くして湿気強し、土ハ灰の如くニて、雨天ニハ泥中を歩むニ異ならず、（中略）晴天ニハ風吹ぬ日は少なし、強く吹《ふく》日ハ土煙《つちけむ》り空に漲《みなぎ》り、衣服、足袋を汚《よご》し、眼を明《あけ》て往来なりがたし」と、手厳しい。雨天ならば泥道、晴天だと土煙もうもう、決して住みよい町ではない。ただし土煙対策として江戸人は「埃《ほこ》り眼鏡」といって、未だ私は見たことがないが、銭三二文程の粗末な眼鏡をしていたという話は面白い。江戸遺跡の発掘で偶然出土することを期待している。

また土煙対策として、江戸人は白足袋でなく紺足袋を常用しており、笠も深い笠をかぶって往来しているとも述べている。なお引用史料中、（中略）として省略した箇所には、江戸の夏は日中の暑さは烈しいが、朝夕は涼しく、終日の雨ともなれば、「単衣《ひとへもの》ニてハ凌ぎがたし」と、夏の過ごしやすさを指摘している。しかし、冬の寒気は和歌山の三倍の厳しさと述べている。

とくに冬の「山の手ハ土凍《いて》て、朝ごとに霜柱二、三寸立ち、土を高くもちあげ、五時《いつつどき》（午前八時）過《すぎ》より凍解にて、木履《ぼくり》ならでハ往来成がたし」と、冬の山の手の道は、太陽がのぼると霜柱が解けて泥道と化し、下駄でなくては往来できないと記している。

夏の涼しい日については、和歌山藩の江戸勤番武士であった酒井伴四郎の万延元年（一八六〇）の日記にも記されている。(8) すなわち大方は暑い日々であったが、六月十九日（旧暦、以下同じ）の条に、「朝曇り、雨少々降り雷鳴り、風寒ク繻半《じゅばん》袷《あわせ》之事」とあり、六月晦日は「朝大ニ涼し」、七月三日は「今日者大ニ涼しく寒き程ニ而候」とある。

ついで江戸の「近海ハ皆泥海ニて砂浜なし、波打際ハふけ田（泥の深い田）の如く甚《はなはだ》むさく、川も砂川ニ而、鮎の有るハ玉川のみ、其《その》外は泥川ニ而、水色さゝ（少々）濁りて清からず」と、決して水のきれいな都会ではなかったことを指摘している。いずれも和歌山の川の清流や海辺の白砂を念頭においての発言であろう。

さらに「御府内は言に及ばず、村落たりとも小便桶《おけ》なく、大道へたれ流しなり」と、その不潔さを強調し、「糞《こえ》取《とり》を見しに、厠《かわや》中の糞塊《こえのかたまり》のみすくい取て、小便は残して汲《くみ》取らず」と、近年の循環都市江戸のすばらしさを強調する説に、いささか疑問を提起するであろう指摘をしている。

第三節　江戸の食べ物

食べ物の話の前に、江戸の飲み水について『江戸自慢』は、「江戸中に井戸ハあれど、飲水《のみみず》ハ上水《じょうすい》を用ゆ」と述べている。江戸の下町は海辺を埋め立てて造成されたので、井戸は相当深く掘らないと海水が混じり、飲み水にならない。そこで井の頭池を水源とする神田上水と、多摩川を水源とする玉川上水を専ら用いたのである。

この上水の味がどうであったかについて、「味甘く、清浄」と高い評価をしている。他の史料で上水の味に言及したものを見たことがないだけに、この記述は貴重である。そして「江戸子のいわゆる水道の水とハ、此二流（神田上水・玉川上水）の事なり」と結んでいる。

かの山東京伝が、「金《きん》の魚虎《しゃちほこ》をにらんで、水道《すいどう》の水《みず》を産湯《うぶゆ》に浴《あび》て(9)」と規定した江戸っ子の自慢を、『江戸自慢』の著者もしっかりと認めている。その背景には、和歌山など他の都市とは比較にならぬほどの都市のインフラの整備が江戸にはあったからである。江戸の上水道網はその象徴といえよう。

さて本題の江戸の食べ物であるが、上方人が食べない納豆について、「鳥の啼《なか》ぬ日は有れど、納豆売の来ぬ日はなし、土地人の好物成故とおもはる」と、江戸人の納豆好きを指摘している。江戸っ子だったら納豆を毎日食べるのは当たり前だから、このようにわざわざ記したりはしない。その結果、江戸では納豆を食べていたのか、いなかったのか、それさえわからなくなってしまうおそれがある。それゆえ第三者による江戸見聞記は貴重である。短い文章だが、そこにはよくもあんな変なものを食べるなあという上方人の著者の感慨が込められている。

飯の菜《さい》は、「青魚《かづ》の子、水ニ漬て年中あり、甚下直《げじき》にて、勤番者の飯の菜是《これ》を最上とす、貝類は沢山に、蛤仔《あさり》、文蛤《はまぐり》殊更多く、抜身にして売、価賤《やす》く、味よく、飯の菜第一番とすべし、蠣《かき》は肉大なれど味薄く、我国和歌浦の品より大ニ劣れり」と記している。

すなわち、著者のような江戸勤番者にとって、値段が安くておいしいおかずとは、第一に水漬けのかずの子、第二にあさり・はまぐりを挙げている。ただし、鱝の味は和歌山にくらべたらたいへんに劣るという。

納豆はなじみにくかった上方人も、江戸独特のにぎり鮓《ずし》は、すぐさま好物になったようだ。「鮓は握りて、押したるハ一切なし、調味よし、上方の及ぶ所にあらず、価も賤《やす》し」と、べたぼめである。幕末の江戸には上方風の押し鮓はなかった。

江戸の外食の代表といえば、にぎり鮓と並んで蕎麦《そば》がある。この和歌山人の江戸の蕎麦に関する評価がおもしろい。「蕎麦は鶏卵《たまご》を用ず、小麦粉ニてつなぐ故ニ、口ざわり剛《こわ》く、胸につかへ、三盃とハ食ひがたし、汁の味ハ至極美にして、若山（和歌山）の蕎麦を江戸汁ニて食《くわ》バ、両美相合《あいがっ》して、腹の裂《さけ》るを知らず食にや有らん」と記している。

蕎麦は和歌山の方がおいしく、江戸の蕎麦は口ざわりが固く胸につかえる。しかし江戸の汁は非常にうまいので、和歌山の蕎麦を江戸の汁で食べたら、何杯食べてもあきないだろうというのである。蕎麦汁のもとは醬油である。上方からの下り醬油（主として和歌山の湯浅醬油）に対して、関東の地廻り醬油（主として野田や銚子の醬油）の品質が向上し、このように上方人の舌の批判に堪え得るものになったといえよう。

江戸の蕎麦についての記述は、さらに進む。実はこの記述が、『江戸自慢』を執筆した著者の意図がよくわかる部分である。

鉢《はち》に入《いれ》、汁《しる》をかけしを掛《かけ》と言《いう》、小サキ蒸籠《せいろう》ニ盛《も》り、素麺《そうめん》の如《ごと》くに食《く》ふを盛《もり》という、蕎麦屋ニ入《はいる》と、盛《もり》か掛《かけ》かと問《と》ふ事極《きま》りなり、己《おの》が好《この》ミに任《まか》せ、早く答《こたえ》をする事なり、器《うつわ》はいづれも奇麗《きれい》ニて、必《かならず》蕎麦屋にハ酒あり、しかも上酒《じょうしゅ》なりまず同じ蕎麦といっても、江戸では「掛《かけ》」と「盛《もり》」の二種類があることを説明している。つまり蕎麦を丼鉢に入れて汁を掛けたものを掛といい、蕎麦を小さい蒸籠に盛って素麺のように小さな器の汁につけながら食べるのを盛というと。おそらく和歌山では盛に類するものがなかったと思われる。

蕎麦屋で、ただ「そばをくれ」と注文しても通じない。かならず「盛か掛か」と聞かれる。『江戸自慢』の著者は、盛と掛の区別が付かず、もたもたして田舎者とあざわらわれた苦い経験があったに相違ない。紀州からの後続の勤番武士たちに、同じ恥をかかせたくない。

「蕎麦屋に入と、盛か掛かと問ふ事極りなり、己が好ミに任せ、早く答をする事なり」というくだりに、著者のその思いがしっかりとこめられている。とくに、もたもたせずに「早く」という二字に、著者の執筆意図が象徴的に表現されていよう。

とにかくこの書を読んで江戸通となり、野暮な田舎武士と揶揄されないようにというわけで、蕎麦屋で上酒（清酒）を呑む江戸人の通な姿を思い浮かべ、勤番武士にも蕎麦屋でのお酒をすすめている。

和歌山藩の江戸勤番武士の酒井伴四郎も、すしとそばを、さかんに外食しているが、万延元年十月二十九日に、「四ツ谷江行、晦日《みそか》之事故《ことゆえ》、そばニ而酒壱合呑《のむ》」と、蕎麦屋で酒を呑んでいる。なお「江戸自慢」には記されていないが、酒井伴四郎の「日記」によって、江戸では「晦日そば」といって月末にそばを食べる風習があったことが知られる。十一月三十日にも、「晦日《みそか》之事故《ことゆえ》、そばや江行、酒弐合呑《のむ》」とある。

江戸の菓子は上方に劣っていた。それが証拠に、「看板・布簾《のれん》等ニ京都菓子と記し有《ある》を見て、推《おし》て知るべし」と述べている。とくに饅頭《まんじゅう》類は、皮が厚くてまずいという。ただし餅類だけはたいへんおいしくて、おてつ牡丹餅《ぼたもち》、永代団子、いま坂など江戸で有名な餅菓子は、「奇麗にして風流なり」とほめている。

おてつ牡丹餅は、麹町三丁目北横町の松坂屋おてつの店で売っていた胡麻餡《ごまあん》の牡丹餅、永代団子は、永代橋西詰の佐原屋と八幡屋で売っていた。いずれも江戸名物である。[10]

酒井伴四郎は、もちろん断定はできぬが、この『江戸自慢』の文を読んでいたのではないかと思わせるふしがある。万延元年九月二十日は、大遊山の日。赤坂の紀州藩邸を出て、丸の内→浅草見付→向島→三囲稲荷→牛の御前→白髭明神→木母寺→待乳山観喜天→浅草観音→日本橋→帰邸と行楽した。その間、向島では桜餅を食べ、浅草では浅草餅、すし、祇園豆腐と名物の食べ歩きもした。

自分はこれだけ豪勢な一日を過ごしたのに、この日の同僚の大石直助と大石民助の行動は、わずかに近所の麹町に行っておてつ牡丹餅を食べてきただけという事実を、「直助・民助者漸々麹町辺江行、お鉄之おはぎを十分之奢ニ而帰り候由」と「日記」に綴っている。

自分は江戸見物に金銭をいとわず気前よく出費しているのに、彼らはおてつ牡丹餅を食べただけで十分満足しているという、なんとケチな連中だという思いが行間ににじみ出ている。

しかし翌二十一日の伴四郎の日記をみると、「予者八ツ時（午前十時）比ゟ麹町江行、名物おてつにて牡丹餅・そう煮抔《など》喰」とある。昨日、同僚が食べたというお鉄牡丹餅を、早速一人で出掛けて行って食べているのである。昨日の日記には、同僚を見下した表現を記したものの、名物のおてつ牡丹餅を先に食べられたという無念さが、伴四郎の翌日の早速の行動に走らせた思われる。故郷和歌山に帰ったとき、名物を食べたことは立派な土産話になるからである。

そして翌々日の九月二十三日には、「永代橋江行、永代餅を喰、夫ゟ深川八幡江参詣」と、しっかりと『江戸自慢』で推奨している永代団子も食べている。伴四郎のこうした一連の行動から、彼ら紀州藩士が『江戸自慢』をバイブルにして江戸の生活をしていた形跡を読み取ることができよう。

これはお菓子ではないが、甘藷《りゅうきゅういも》は和歌山の半分の値段（銭八文）にて、「味美なり」とほめている。さらに

「諸物高価な江戸に、此物の価、格別に賤《いや》しきは、予の如き蕉葉《げこ》勤番者の天幸と言べし」と、べたぼめである。

蜜柑《みかん》は、紀州だけでなく各地から江戸に入荷し、大量に出回っているので値段は高くない。回青橙《だいだい》は安い。梨も安いが味がない。柿は美味だが高い。栗は安いが半分は虫が入っている。葡萄《ぶどう》はたくさんあり、「進物の花方《はながた》」というから、今に変わりはない。

昔も今も変わりないといえば松茸である。「松茸は至極少く、価《あたい》は珠玉《しゅぎょく》を買うに均《ひと》し、勤番者は夢にも口ニ入《いれ》がたし」とある。西瓜・茄子・瓜の類は、和歌山の値段と同じであるが、萊菔《だいこん》と胡蘿蔔《にんじん》は味がまずいのに和歌山の値段の三倍も高い。蓮根《れんこん》はたいへん安いけれど、味は淡薄《たんぱく》で新根といっても和歌山の古根の味に及ばない。山芥菜《わさび》は非常に多く、一〇本も束ねて売っているが和歌山の葉生姜《はしょうが》よりも安い。

魚類は、鯔魚《いな》・鰯魚《いわし》・青鰤《このしろ》はたいへん安く、竹筴魚《あじ》は非常に高い。海鰻《はも》は非常に少なく、鯧魚《まなかつお》は全く見かけない。章魚《たこ》・海鷂魚《えぶた》大いに高く、「貧士の口ニ入がたし」とある。鱠残魚《しらうお》ハ形が大きく味は美であり、芝蝦《しばえび》も上品で味はたいへん美である。

塩の値段は大いに高く、銭一〇〇文で二升から三升、ただし砂糖は安い。豆腐のおからもたいへん安く、和歌山の三玉ほどを銭二文で売っている。

米はそれほど高くないが、米を炊く薪は非常に高い。これは食べ物の値段ではないが、紙は安いが、桶・畳・建具・磁器《せともの》は大いに高い。

江戸の料理の味加減は、「砂糖・味淋《みりん》・酒仕立故《じたてゆえ》、菓子の如くに甘く、酒の肴ニなりがたし」と厳しく批判しているが、料理の盛り付けは、江戸では、「大いなる鉢へほんぼりと盛り、蓮の葉ニ露の置如《おくごと》くに而《て》上品なり」とほめ、それに比べて和歌山では、「小サキ鉢江嵩高《かさだか》ニつみあげて、牛の糞《くそ》の如く甚《はなはだ》見苦し」と自己批判している。

第四節　江戸人の気質

江戸人の人柄について、『江戸自慢』の著者は、「人気《じんき》（気質）の荒々しき二似ず、道を問へば下賤《げせん》の者たり共、己《おの》が生業《なりわい》をやめ、教ること叮嚀《ていねい》にして、言葉のやさしく恭敬する事、感ずる二堪《た》えたり」と、記している。

和歌山から江戸の藩邸にやってきた勤番武士たちは、当然、江戸の道には不案内だから、目的地に着きかね、しばしば道を尋ねることがあったに相違ない。そんな時、江戸っ子の応対はとても丁寧でやさしく教えてくれる。日頃の荒々しい言動とは異なり、困った人、弱い立場の人への江戸っ子の思いやりに、この和歌山人はいたく感激している。

江戸の武士である旗本に対しても評判がいい。すなわち「大都会故二人の心ハ大様なるか、武士ハ慇懃《いんぎん》にして凝《こ》り気なく、旗本など殊外《ことのほか》温和にして、若山（和歌山）武士の如く屎力味《くそりきみ》なし」とある。巨大都市江戸に住む人は万事鷹揚《おうよう》で偏屈でない。それ故旗本は温和であるのに対し、和歌山武士は屎力味がちと自嘲《じちょう》している。ただし江戸の武士たちは「口さき見付《みつけ》のみにて、思《おもい》の外実《ほかじつ》はなく、あだ花に均《ひと》しき人物多し」と、批判することも忘れていない。

また江戸の商人について、次のように述べている。

商人の慇懃《いんぎん》にして恭敬《きょうけい》なる事、若山（和歌山）とは雲泥《うんでい》の相違にて、一銭のかい物ニも三拝九拝し、日々来る魚屋、八百屋の如き、暑寒の進物せざるハなし、いづれの店にても正月七日迄之内、買物の多少ニ応じ年玉出《いだ》さざるハなし、諸物正札《しょぶつしょうふだ》ゆへ値切《ねぎる》世話なし、買かぶる気遣いなし

江戸の商人は腰が低く、お客への応対はきわめて丁寧で、横柄な和歌山商人とくらべたら雲泥の相違である。さ

すが大消費都市、銭一文の買物客にも三拝九拝し、お客様は神様の商人精神が徹底している。

魚屋や八百屋など日々出入りする商人は、盆・暮にはかならず進物をお客に贈る。正月には、七日までの店の買物客に年玉を出すサービスもする。ただしこの場合の年玉は、現在のような現金ではなく、大小暦（カレンダー）や役人付け（官庁職員録）といった一枚摺物や、扇子・手拭といった正月用の配り物である。

では盆・暮の進物はどんなものであったろうか。紀州藩江戸勤番武士の酒井伴四郎の「日記」によれば、江戸に着任して一カ月程しか経っていないのに、出入りの商人から中元が届いた。紀州藩邸内の御長屋に三人の単身赴任者が同居していたので、七月四日に柏屋半七より祝儀として「しら玉」三袋と「ぬか袋」三袋（一人に付一袋ずつ）、同六日には大和屋利兵衛より「そうめん」五把、同九日には、上総屋勝助より「そうめん」三把、さらに同じ日に岩見屋より「そうめん」四把を受け取っている。やはり夏の進物は、白玉やそうめんが人気であった。なお、ぬか袋は銭湯で使用するもので、日用必需品である。

前記『江戸自慢』[11]の引用史料の最後に、江戸では商品に正札がついていて、掛け値なしの商法なので、上方のように値切る交渉の手間が省け、しかも実際よりも高値の買い物をしてしまう心配がないと評価している。

そうはいうものの大都会のことゆえ、なかには一見の客とか観光客を相手に不誠実な商いをする者もいた。『江戸自慢』の著者は、後輩たちのために、親切にそのことも指摘している。

たとえば、江戸の「いかなる端々にても、膳《ぜん》めし、蕎麦屋《そばや》、しるこ餅、腰掛茶屋《こしかけぢゃや》のなき所はなし、大抵《たいてい》茶代十六銭を定とす、浅草寺内、吉原土手の茶屋は妄《みだり》に立寄《たちよ》る事なかれ、百文以下の茶代ニ而は、一言の挨拶なく、捨るに同じ」と忠告し、また柳原土手や芝日陰町の古着店での買い物は、かなりの掛け値がしてあるので、「油断するべからず」と述べられている。

このように都市江戸にはマイナスの面もあったが、本節の冒頭にみた江戸人の弱者をいたわる共生の心に象徴されるように、総体として、人びとを温かく包容するという都市の心性があった。

『江戸自慢』から若干離れるかも知れぬが、御禁制の日本図を国外に持ち出そうとして日本退去を命じられた長崎商館のドイツ人医師フィリップ・シーボルト（一七九六〜一八六六）は、安政条約締結後の安政六年（一八五九）に再来日した。その二年九カ月間の在日中の記録のなかに次の記事を見出した。(12)

江戸では、人が足繁く訪れる場所、寺の境内などの壁や垣根のそばに、およそ二フィートの□の箱がよく置かれている。そこではさまざまな小間物の必需品、楊枝などが、しっかりと値をつけて販売されているが、売り手はいない。客はなんでも好きなだけ手に取り、お金を足元にある小さな引き出しの中に入れる。世界で最も人口の多い都市の一つがこうである！

シーボルトは滞在中、浅草寺境内などの盛り場を訪れている。右の記事は、こうした江戸の盛り場において無人販売という商売が成り立っていることに驚いている。小間物など日常生活必需品を販売人がそこにいなくても、人びとは品物を選び、代金を引き出しの中に入れて行く。無人販売なのに商品を盗む者もいないし、代金を奪って行く者もいない。世界で人口が最も多い百万都市江戸には、さまざまな人びとが入り混じり、とくに盛り場などには盗み心をもった者もいるに違いないのに、秩序は整然としている。

その背景には、江戸の人びとの他者をいたわるやさしい心根があった。無人販売の主はこれを好んでやっているわけではない。家族に介護を必要とする人を抱えているとか、自分自身が病身である場合もあろう。無人販売の当人は、とにかく弱者であることに間違いはない。シーボルトは、「この商売は貧しい家族、貧しい人びとを支えるために、すべての町人たちとの信頼関係により成り立っている」と、ずばり指摘している。為政者が福祉政策を行うことなど、ほとんどなかった時代、人びとは共助・共生の心で、互いの生活を守っていた。

これと関連して、『江戸自慢』にも注目すべき記事がある。それは江戸の年中行事を紹介したなかの、七月の盆行事の項である。

七月ハ新仏有《ある》なしニ拘《かか》はらず、霊棚《たまだな》を作る。十五日夕には、裏屋の難渋人、お迎イ〳〵と町中を呼はり行く、棚《たな》、並《ならび》ニ十弐銭計《ばかり》添《そ》へ、その者ニ与ふ、瓜《うり》、茄子《なす》ハ漬物屋《つけものや》へ売り、菰《こも》ハ此《この》月廿六夜、高輪《たかなわ》へ月を拝《おがみ》ニ出し人の敷物《しきもの》ニ売《うる》と聞《きけ》り、是等《これら》ハ貧人を救ふの一端《いったん》ニて慈悲善根《じひぜんこん》の事

七月十三日から十五日までは盂蘭盆会にて、武家・町家の区別なく、家ごとに霊棚をかざり、先祖累代の精霊をはじめ、有縁・無縁の霊の供養を営んだ。この行事が終わる十五日夕から十六日夕にかけて、江戸中から大量に撤去される霊棚およびその供物を、「お迎え〳〵」と呼びつつ、貰いにくる人びとがいた。彼らの大方は裏長屋に住む「難渋人」（貧人）であった。彼らは不用となった霊棚だけでなく、その処理料として銭一二文程も貰っている。『絵本江戸風俗往来』にも、「十五日夕方より十六日夕迄、『お迎えお迎えお迎え』と呼びつつ来るは、魂棚の撤去したる供物を貰いあるくなり、荷なえる籠に満つるや、海辺に持ち行き、貰いし物を種分《しゅわ》けして、廃物利用なすなり(13)」とある。

その廃物利用とは、木製の棚は、もちろん薪の高価な江戸のこと、焚き付けに再利用されたであろうし、供え物の瓜や茄子は漬物屋に売られ、棚に敷いてあった菰は、同じ七月二十六日の廿六夜待の行事の際、高輪海岸などで月の出を待つ人びとの敷物として売られた。徹底した再利用である。もしも霊棚を江戸中の人びとがそれぞれ勝手に捨てたとしたら、それこそ江戸はゴミの山で埋まってしまう。

まさに環境対策として効果大なるものがあり、循環都市江戸としての面目躍如たるものがある。その上、短期的なものとはいえ、貧民救済のための一つの福祉対策としての意義があったことは、『江戸自慢』が指摘する通りである。

年中行事の一場面においても、人びとが共生する江戸社会の一面をうかがうことができよう。

注

（1）『未刊随筆百種』第八巻所収、中央公論社。ルビは引用史料にすでに若干は付してあったが、より読みやすくするため筆者が大幅に追加して付した。なお『江戸自慢』の研究については、異文化表象の視点から詳細に分析した岩淵令治「江戸勤番武士が見た『江戸』」（『国立歴史民俗博物館研究報告』第一四〇集、二〇〇八年三月）がある。

（2）寺門静軒『江戸繁昌記　1～3』（東洋文庫二五九・二七六・二九五）平凡社。
　同書の解題によれば、初編は天保三年刊、二編は天保五年刊、三編も天保五年刊、四編は天保六年刊、五編は天保七年刊、六編の刊行は不詳であるが天保十二年の序文がある。なお『江戸自慢』の著者が、寺門静軒のことをなぜ太田静軒としたか詳らかでないが、前記岩淵氏の太田道灌（静勝軒）と関連づけた説は説得力がある。

（3）『江戸自慢』の末尾に、「此書、田辺侯の御医師原田某、江戸詰中之作、あづまの家つとといふ小書、并《ならびに》この自慢の書、同士松尾何某かり給ふて写しあるを、猶又かりて写し置《おく》、万延元年申五月、稲垣由恒」とある。

（4）『酒井伴四郎日記――影印と翻刻――』東京都江戸東京博物館調査報告書第二三集、二〇一〇年三月。

（5）正井泰夫『江戸・東京の地図と景観』古今書院、二〇〇〇年三月。

（6）『新修名古屋市史』第三巻第一章第三節参照、一九九九年三月。
　たしかに上屋敷の面積だけを比較すると、紀伊、水戸、尾張の順であるが、その他の拝領屋敷や抱屋敷を合計すると、第一位は尾張の一〇三ha、第二位は紀伊の八八ha、第三位は水戸の六七haというように家格・石高に比例する順序であった。

（7）『浅草寺日記』第一〇・一一巻。なお拙著『江戸の盛り場・考』参照。

（8）注（4）に同じ。

（9）洒落本『通言総籬《つうげんそうまがき》』天明七年刊、日本古典文学大系五九所収、岩波書店。

（10）西原柳雨『川柳江戸名物』春陽堂、大正十五年一月。

（11）「値切る」という言葉は、江戸では「はたらく」といったと『江戸自慢』にある。その他『江戸自慢』には江戸言葉が多数例示されているが、本章では省略した。

（12）『シーボルト日記　再来日時の幕末見聞記』石山禎一・牧幸一訳、八坂書房、二〇〇五年十一月。

（13）菊池貴一郎著『絵本江戸風俗往来』東洋文庫五〇、平凡社。

あとがき

今は亡き父は、明治十七年（一八八四）の生まれである。たいへんお酒好きで、晩酌中、しばしば興に乗ると義太夫節の一節を語る、というより唸り出す。

父の故郷は北信濃の農村。おそらく村の鎮守の祭礼などで、村の若者たちによる地芝居の見物を楽しんだことが、身についていたからであろう。

私も、子ども心にすっかり聞き覚えてしまったせいか、『絵本太功記』の名場面で語られる義太夫節とは知らぬまま、〽夕顔棚のこなたより、現はれ出たる武智光秀ェ〜、などと口ずさんでいた。

義太夫節だけではない。父は北信濃の俗謡・民謡の数々を日常的に聞かせてくれた。その上、寝つかない子どもをあやしながら、よく昔咄をしてくれた。

そういえば父の父、つまり私の祖父は天保八年（一八三七）の生まれで、まさに江戸時代人であった。私の世代で、祖父が天保生まれという人は、そう多くはいないであろう。江戸時代人に育てられた父の昔咄には、当然のことながら江戸時代の咄が、かなり含まれていたに相違ない。

「明治は遠くなりにけり」などとよくいわれるが、私にとって明治は決して遠くないし、江戸もまた、そう遠い存在ではなかった。後年、江戸時代の研究を志すようになった背景には、こうした土壌があったのかも知れない。

昭和戦前期、私の少年時代の遊び場は、近くの浜町公園のほか、路地から通りまで、町の中のほとんどの路が利用された。ビー玉ころがしは公園の砂場で、メンコやベーゴマ遊びは路地裏で、また行動半径の広い鬼ごっこや、水雷艇ごっことなると、周辺の大小あらゆる街路が活用された。

何せ、交通ののんびりした時代である。幹線道路の大通りを一歩横に入れば、自動車はたまにしか通らない。馬車や牛車が、ときどき子どもたちの遊びを中断させるぐらいである。あらゆる街路が子どもの遊び場になり得た時代である。そうした私たちの遊び空間の一つに、大門《おおもん》通りがあった。「大門通りで遊ぼう」という会話が、子どもたちの間では日常的にかわされていた。この大門通りという地名は、地図にも何にも記されていない、いわゆる俗称の街路名である。

子どものことだから、大門の意味など知ろうはずもない。ずっとのちに、歴史を学ぶようになって、この大門通りという地名の由来を知った。すなわち江戸時代前期の明暦三年（一六五七）の江戸大火の後、遊里吉原は浅草に移されたが、大火以前は、堺《さかい》町・葺屋《ふきや》町の芝居街とともに、今の人形町付近にあった。その浅草移転前の元吉原の大門に通じるかつての通りが、私の遊び場だったのである。

地名というものは、実によく地域の歴史を教えてくれるものだ。とくに俗称地名には、地域住民の温かさのようなものが伝わってくる。そういえば、大門通りだけではない。楽屋《がくや》新道とか玄冶店《げんやだな》とか浜町河岸とか、江戸以来の俗称地名が私の周囲にたくさんあった。まるで江戸の名残の真ん中で育てられたようなものである。だから歴史を勉強しようと思ったとき、当然のように都市江戸の研究へと傾注していった。

私の江戸社会史の研究の原点は、前述したとおり理論に発したものではなく、その多くは、みずからの体感を基礎にしている。

昭和戦前期のこと、永代橋を渡って深川に入ると、手前の京橋区（現中央区）側、すなわち下町とは全く異なる、しっとりとした情感に包まれる体験は、本文中に引用した西村真次氏の感慨と全く同じであった。また現在の日本橋の景観と違って、高速道路が重くのしかかっていなかった時代の日本橋は、東京一の名所として地方からの観光客であふれていた。橋上には観光客相手の街頭写真屋が営業していた。

下町族と山の手族との意識の対立もあった。子どもたちにもそれが影響してか、私のような下町のガキ共は、山の手のお坊ちゃんに対し、羨望の念を持ちつつも、山の字を省略して「の手っ子」と、そのひ弱さを揶揄したものである。

こうした体感を出発点として、江戸社会の史的分析を試みた論稿を収載したのが本書『江戸社会史の研究』である。別掲の初出一覧を参照していただければ明らかなように、一九六八年の一本を除けば、あとは一九八三〜二〇〇六年までのおよそ二〇年余の間に執筆したものである。ただし古い方の論稿を中心に大幅に補訂し、新稿をも加えた。当該研究の進展に、いささかなりとも寄与するところあれば幸甚である。

半世紀余にも及ぶ私の江戸幕政史、江戸社会史、江戸商業史、江戸文化史に関する研究は、いずれも遅々たるものがあり、本書も未完のまま思わぬ年月が経過してしまった。

この度、喜寿を迎えるに当たり、改めて余生の短さを悟り、思い切って本書を刊行することとした。続いて『元禄の豪商　紀文と奈良茂』と『江戸豪商の研究』をまとめる予定である。

末筆ながら、本書の刊行が企画されてから長い間、辛抱強く激励をいただき、出版に多大のご尽力を賜った弘文堂編集部の浦辻雄次郎氏に対し、厚く御礼申上げる次第である。

二〇一〇年　九月吉日

重陽の節句の日に

竹内　誠

初出一覧

序　論　大都市江戸の柔軟性（原題同じ。〔初出〕『学際』第18号、統計研究会、2006年）

第Ⅰ部　江戸の地域社会と住民意識

第一章　下町と山の手の地域性（〔初出〕原題「江戸の地域構造と住民意識」『講座日本封建都市』第2巻、文一総合出版、1983年）

第二章　下町の地域性（以下を元に大幅改稿：「江戸っ子」『江戸東京学事典』三省堂、1986年および「江戸の海外情報と出版——その先進地・日本橋界隈——」『中央区文化・国際交流振興協会だより』第19号、1996年）

第三章　近世深川の地域的特色（〔初出〕原題「近世深川の地域的特色と美意識」『深川文化史の研究』下巻、江東区役所、1987年）

第四章　山の手の地域性——本郷・小石川——（〔初出〕原題「江戸商業と本郷・小石川」『文京区史』巻2、文京区役所、1968年／再刊1981年）

第Ⅱ部　江戸の美意識

第一章　江戸における「祭り」と「喧嘩」——法と民衆——（〔初出〕原題「江戸における法と民衆——「祭り」と「喧嘩」——」『史潮』新17号、歴史学会、1985年）

第二章　江戸の美意識「いき」——吉原と深川——（原題同じ。〔初出〕『國文學解釈と教材の研究』第38巻9号、學燈社、1993年）

第三章　江戸っ子と初鰹（以下を元に大幅改稿：「＜巷説浮世絵＞江戸の初鰹」『net way』vol.46、首都高速サービス推進協会、2001年）

第Ⅲ部　江戸社会の諸相

第一章　観光都市としての江戸——短期滞在型を中心に——（〔初出〕原題「観光都市・江戸の一考察」『立正大学人文科学研究所年報』第43号、2005年）

第二章　『江戸自慢』にみる江戸社会（新稿）

ま 行

や 行

ら 行

わ

さ 行

た 行

な 行

は 行

索　引

あ 行

か 行

【著者紹介】

竹内　誠（たけうち・まこと）
1933年　東京都に生まれる
1964年　東京教育大学大学院博士課程単位取得退学
徳川林政史研究所主任研究員、信州大学教育学部助教授、
東京学芸大学教育学部教授、立正大学文学部教授を経て、
現在　東京都江戸東京博物館館長、徳川林政史研究所所長、
東京学芸大学名誉教授
主要著書
『江戸と大坂』『元禄人間模様』『江戸の盛り場・考』
『寛政改革の研究』
他に共著、編著多数

江戸社会史の研究

平成22年10月29日　初版1刷発行
平成23年3月15日　同　3刷発行

著　者　竹　内　　誠
発行者　鯉　渕　友　南
発行所　株式会社　弘　文　堂　101-0062　東京都千代田区神田駿河台1の7
TEL 03(3294) 4801　振替 00120-6-53909
http://www.koubundou.co.jp

装　幀　松 村 大 輔
印　刷　大 盛 印 刷
製　本　井上製本所

ISBN978-4-335-25062-0

◆竹内　誠　著——続刊

元禄の豪商　紀文と奈良茂

江戸豪商の研究